METAPHOR HYPNOTHERAPY

隱喻催眠

讓潛意識陪你啟動心靈療癒原力

張義平（幽樹）

楓樹林

專文推薦

◎過去在學習催眠的經驗時，當時的老師就說「催眠是只有我們自己『願意』被催眠，才會進入」。在實務現場浸潤時就會發現其實催眠師跟個案的狀態有沒有同步，是否催眠師能夠擅用個案本身的元素，藉此敲敲個案潛意識的大門，讓談話能更深入，是否能善用隱喻很重要。此書提供了許多實務經驗、案例以及相關的神話素材，讓我們一步步看見隱喻催眠是如何施展魔法，讓個案得以解開長久以來的心結。相信讀者們能夠透過此書學習到更多實用的技術與自我療癒的方式。

——占星療癒心理師／于玥

◎好看！透過幽樹的文字，神遊他的諮商現場，於當事人的心靈海洋中泅浮，被隱喻帶領，而一起頓悟，有了穿越，在心中讚嘆著。神話、小說、電影、netflix 的影集、陸劇、童話、大自然、夢境、心理劇、催眠暗示……是一個多麼熱愛人性與心理治療的心理實務工作者呀！打開書本吧！ 這裡有一千零一種隱喻象徵帶領你走入心靈，還有一千零一個療癒故事讓你更信任自己。

——心靈書寫與隱喻工作者／王理書

◎義平（幽樹）老師是我很欣賞的催眠師，這本隱喻催眠言簡意賅的說出了「沒有催眠的催眠」是什麼。看書的投射是催眠，聽故事是催眠，看電影是催眠。在我們投射自己進入隱喻、在故事中同頻了我們的身心狀態時，我們就進入了「意識的變動狀態」。我們在此時脫離了現實世界，進入另一個沒有批判性意識的「既是／又是」的催眠邏輯裡，催眠師跟被催眠者可以在這裡重新為自己的症狀塑型，找到新的意義。義平老師用一種簡潔易懂的文字，說明了隱喻催眠，值得大家好好閱讀。

——《催眠和你想的不一樣》作者／唐道德

◎想說出打動人心的隱喻，需要強大的同理心，眾多的歷史童話故事資料庫，還有對於想要提供的幫助的方向的掌握。因為一個符合當事人內在心理結構以及需求的隱喻，除了讓人覺得被了解因而感到被支持以外，它還會隨著時間自行演化隨時提供當事人源源不斷的支持與鼓勵，所以隱喻的使用真的很有威力，同時，也很很大的考驗。幽樹老師在隱喻催眠這本書裡面，提綱契領的介紹了隱喻的元素，催眠的架構，也分享了許多實務經驗和精彩的對話，尤其是 WISE 模式的提出，我想對於許多喜愛隱喻卻不得其門而入的朋友，這會是最好的學習指南。拜讀之後，得詩一首：欲求廬山真面目，朝來白雲晚有風，千變萬化皆不是，感受本質說就通。

——大樹老師／陳世勳

◎幽樹是一位非常用功的心理師、催眠師，以及催眠訓練師。他對於自己的要求，在我的眼中看起來，極力地盡善盡美。在我教導過的催眠訓練師中，他一直是很刻苦地要求自己，也是他出色的根基。隱喻，是幽樹老師非常擅長的領域，藉由身心靈知識地喘街與整合，讓他不只是一位心理師，而是。具有深層內涵底蘊的療癒師。做為他的老師，很開心，他更進一步把自己的實踐與探究整理出來跟讀者分享。真心地推薦幽樹老師，一位「身先靈領域的生命實踐者」。

——藍海催眠研究專業發展協會創會理事長／張貴傑

推薦序

心靈隱喻之旅：探索催眠與榮格學派的奧秘

我認識幽樹老師好長一段時間了。在吉利根老師的課堂上，在薩德老師的課堂上，都可以看到他的身影。他說話不多，但是散發出一種內斂的氣質，而拜讀他的文章更是每每讓人不可自拔地深陷其中，一種輕鬆愉快的閱讀。閱讀他的文章，是一種心靈上的享受。

這本書講的是隱喻，而且是催眠與隱喻的結合，也提到榮格學派的研究。我鑽研艾瑞克森催眠治療超過十年，對榮格深度心理學也很喜歡，而隱喻正好也是我在做催眠治療時最喜歡用的一種方法。隱喻總是會帶給人會心一笑，或是心有靈犀一點通的感覺。但是要在催眠裡很好運用隱喻需要很多學習和練習，在日常的溝通裡要把隱喻用得好也不是一件容易的事。幽樹老師的這本書完全掌握了隱喻的精髓，如何把隱喻說得好，說到人心坎裡，這本書你絕對不可錯過。

我喜歡閱讀這本書，因為幽樹老師的說話方式就像是日常對話一樣，同時又帶有智慧和深度，他的文筆是我所羨慕，也無法達到的一種境界。書裡的許多案例和故事看似簡短，卻總是發人深醒，有幽樹老師的治療風格存在。幽樹老師是一個真正在做治療，治療做得好，同時又會寫書的心理治療專家。

我記得在某一次的督導班課程上，幽樹老師提到他想要把他的治療傳承下去給更多治療師，我當時內心裡相信他將來一定會幫助到更多專業人士，他的治療風格會成為一個學派，開枝散葉。現在這本書就是幽樹老師學派的一個起點。當他邀請我來寫推薦序時，我內心忍不住替他歡呼，他正在朝他自己的治療學派前進。如果你是一個心理治療專業人士，這本書我非常推薦，無論你是什麼治療學派，都可以學會隱喻，把隱喻用到爐火純青，幫助你的個案得到更好療癒。如果你是一般人，我也非常推薦你來讀這本書，因為幽樹老師講的你都聽得懂，也都做得到，閱讀這本書將會幫助你在溝通能力大躍進。如果你像我一樣，沒有任何目的地來閱讀這本書，那也很好，這本書會讓你有如沐春風的感覺。當我閱讀這本書時，我感覺自己就像是在北海道的露天溫泉裡，外面下著雪，我泡著溫泉，喝著清酒，一邊閱讀這本書。當你閱讀這本書時，你會發現時間過得特別快，因為美好的時光總是很快就過去，不知不覺就把書看完了，滿滿的收穫。

幽樹老師內斂的個性很適合當心理師，但同時他的文筆卻又是如此奔放、活潑、自然，也很適合當個作家。他的內心有著非常豐

富的想像力，同時又是很踏實在過生活的真誠的人。這本書很適合坐在咖啡店裡喝著拿鐵，細細品嚐每個字句，也很適合坐在大樹下吹著微風，曬著太陽，慵懶地閱讀著。這本書無論是睡前看、睡醒看、午休時間看、或是度假時看都很適合。幽樹老師透過書中的文字激發了人們的想像力和覺察，進而你會發現你的生活變得更加有創造力和活力。

專業知識的書籍很多時候會讓我們絞盡腦汁，費力地讀完，然後讀完之後依然一頭問號，滿頭霧水。這本書介於專業和生活之間，讀起來很輕鬆、很容易，就像是吃飯、喝水、呼吸一樣的容易。同時讀完之後，有很多的啟發和體驗，這些感受就會自然地留在你的身體記憶裡，這讓學習隱喻變成是一件愉快的事。人生最大的享受就是能夠愉快地學習，同時一學就上手。你去參加專業工作坊的學習，可能都還沒有從這本書中獲得的啟發來得多。我不僅僅推崇幽樹老師的這本書，也推薦心理治療專業人士們可以參加幽樹老師的專業培訓，會有很大收穫和成長。

洪偉凱

艾瑞克森基金會培訓講師
艾瑞克森學派國際年會講師
艾瑞克森學派書籍翻譯
艾瑞克森催眠系統培訓線上課程主辦人
諮商心理師、美國紐約州、亞利桑那州心理師

目錄

作者序

隱喻是引導你蛻變的煉金術

不知道對你來說什麼叫做蛻變（transformation）？生活中需要發生什麼才能帶來蛻變？這是我從碩士論文就一直苦思的事情，我對世界充滿好奇，也對人們的苦難感到不捨，除了傳統的心理諮商，我一直很想知道，這世界上還有什麼可以帶來蛻變的方法？

回顧專業學習歷程，我是個在世界中流浪，遍尋心靈素材的行者，為得是儘可能地將有效的療癒元素拆解後，重新構築成富有彈性、能替當事人量身訂做的助人方式，亦即我所獨創的對話式催眠。

在漫漫長路中我第一個拾獲的蛻變核心是催眠，我花了許多時間向諸多國際大師學習，並將古典催眠、艾瑞克森取向及 NLP，納入對話式催眠之中，然而我越是深入研究催眠，就越發現只是擅長做催眠，並不足以完整地陪伴當事人改變，我的取向裡似乎少了一些東西。

於是我從頭檢視自己學過的各種心理治療流派，最後落腳在研究所時便非常喜愛的榮格心理學上，這是開啟蛻變的第二個核心。

榮格心理學看重人本然的矛盾，擅長將苦難轉化為甘泉，這些都讓我在實務場域中，獲得深度陪伴當事人的能力。而在閱讀榮格文獻的過程中，我發現兩個蛻變核心都共享著相同的元素：隱喻。

我在亞洲 NGH 催眠大會上，以「原力與你同在：成為善用隱喻的絕地催眠師」為題，向在場的催眠師示範如何使用隱喻進行催眠，並以隱喻的形式進行現場問答，在一整天 6 小時、超過 10 個的隱喻故事裡，現場充滿感動與省思。從那一天起，我決定要將隱喻催眠發展為自身取向裡的重要技巧。

這本書是我浸泡在隱喻國度裡所淬煉出來的結晶，具有許多不同的層次，如果你是個催眠麻瓜，或是對自我成長有興趣的伙伴，從頭讀到尾會是很不錯的方式，此外你還可以根據不同需求安排屬於自己的閱讀順序：

1．如果你是催眠的初學者，推薦你優先閱讀第一章，裡面有完整的理論闡述，並詳盡介紹了催眠、心理治療及隱喻間的三角關係，可以替你打下良好基礎。
2．如果你是富有經驗的助人工作者，那麼二到四章或許比較能引發你的興趣，在這三章裡我詳細闡述了隱喻四元素 WISE 的應用方式，搭配生活經驗與簡短案例，你將能從中吸收精華，豐富實務技巧。

3．如果你正在尋求催眠與不同助人方式的結合，我在第五章提供四種不同的深入學習方式，除了量身打造隱喻的兩種路徑，你還可以學到隱喻催眠與夢境解讀及牌卡的整合。

4．如果你是催眠或助人領域的資深老手，或許會更關注隱喻催眠中概念化的部分，第六章是特別為你所寫的，這一章我不僅分享隱喻在個別及團體的應用，還解釋我選擇如此操作的原因。

隱喻如同一座迷宮花園，這座花園具有非常多不同的入口，你只要沿著其中一個入口，持續深入並留心沿途線索，便能安然抵達花園的核心。而根據你的年齡、專業訓練與關注焦點不同，在花園核心等待你的景色也將有所不同。然而無論是什麼樣的景色，都仍具有相同本質。

因此你或許可以將隱喻視為一場煉金術，榮格以煉金術來隱喻人類心靈成熟的過程，他稱之為個體化歷程（individuation）。煉金術士想鍛鍊出黃金，榮格認為黃金便隱喻著心靈內在的完滿。我們雖然用不同方式踏著不同路徑邁向成熟，當中卻有極為相似的結構，沿途也都有跡可尋。

你或許發現了，在這本書裡我想談論的隱喻催眠，並非單純教你怎麼利用隱喻技巧來進行催眠而已。我私心希望你能將隱喻當成一種生活態度，一種幫助自己生命圓熟的方式。榮格以及許多心理治療、催眠治療領域的大師，皆是採用這樣的態度過生活。

身為擅長催眠的心理師，我曾陪伴許多當事人從幽暗微光中重獲希望，在超過十年的實務經驗裡，我發現對當事人有益的絕不只是理論與技術，而是我願意堅定地與當事人一起在黑暗裡摸索探尋的態度。隱喻催眠即是這樣的生命態度：穿透表象，看見蘊藏其內的力量，於是開啟蛻變。

閱讀這本書時，我想請你特別留意，雖然書中提及許多案例，為了保護當事人隱私，這些皆是融合許多相似案例的素材後，重新改寫而成的劇情。他們說過的話，也都經過大幅度改寫，只留下我確實使用過的催眠技巧，請將這些故事當成心理虛擬小說閱讀。

最後我想特別感謝恩師張貴傑心理學博士，若非他的鼓勵與教導，我從未想過有朝一日能創立屬於自己的催眠取向。我也想再次感謝願意與我交流的前輩與同儕，與你們的對話激發許多靈感，增添本書的豐厚。

祝福翻開這本書的你，能夠勇敢在生活中邁開通往蛻變的步伐，運用書中提供的知識與技巧，一步一步地改變你的生活。當你的生活被幽暗微光籠罩時，願我的文字能與你同行，陪伴你重獲溫暖與甘美。

寫於2023年，陰雨綿綿的國慶假期。

CHAPTER *01*

跟我一起踏上
找尋原力的旅程

第1節

回望潛意識的大海，尋回遺失的快樂

小倩（化名）才一走進會談室裡，我從皮膚就感受到一股莫名的凝重，如果要形容這是什麼樣的感受，大概像是一個人從海底走上岸，全身衣服濕答答、頭髮還在滴水，於是當她坐到沙發上的時候，整個空間都瀰漫著濃厚水氣的凝重感。

由於小倩表示她曾經有被催眠過，因此我詢問是什麼讓她想預約我的催眠服務，也關心她在前一次催眠中，覺得那些引導方式效果如何，好讓我可以替她進行調整。

「在上一次的過程中我沒辦法跟高我對話，也看不到畫面，所以催眠師說我不適合催眠。」她說話時聲音扁扁的，好像在強迫自己要把什麼壓下來一樣，我好像慢慢知道那股凝重的感受是什麼了——強自壓抑的焦慮。

為了協助她能有多一些信心，我嘗試找尋她在進入催眠時的資源，「聽起來上一次催眠帶給妳一些挫折感，我可以好奇問問是什麼讓妳還願意來做催眠嗎？」她露出了苦笑：「可能是想再給自己一次機會吧！我不想要繼續靠憂鬱症的藥物生活，醫生說如果憂鬱情況穩定可以逐漸減藥，但我找不到方法。」

小倩形容憂鬱的感覺就像是每次自己想要努力掙扎上岸，卻總是有個什麼東西用力地將她拖向海底，她覺得自己就像是陷溺在水中的人，載浮載沉腳碰不著地。

對話式催眠非常看重隱喻的力量，因此當小倩提及溺水的隱喻時，我把握這個契機繼續往下引導：「如果邀請妳發揮想像力，說說那個用力拖住妳的東西像什麼，妳感覺那會是什麼？」

「我覺得像是一雙女人的手，這個女人披頭散髮的……不知道為什麼，她讓我想起母親。」從語氣跟眼神，我知道她正進入所謂的清醒催眠狀態——眼睛睜開看似「清醒」，但注意力已經開始聚焦在內心世界裡。因此我進一步引導她訴說，她立刻迅速進入兒時經驗裡，並與母親展開對話。

在這次催眠結束前 10 分鐘，我陪著小倩一起整理剛剛的經驗，她臉上充滿不可思議的神情：「這次催眠感覺很不一樣，全程畫面看得很清楚。」「很好啊，那妳對於剛剛哪一個部分最有印象呢？」「應該是跟我媽對話的時候吧？當我對她說我真的沒辦法讓她快樂的時候，心整個揪了起來。」她想了想接著說：「可是後來當你說出我糾結的心情，然後邀請我跟童年的自己說說話時，我忽然發現因為我媽不快樂，所以從小我也不允許自己快樂，感覺像是在懲罰自己。」我順勢引導她把這個感受跟探索目標連結在一起：「妳覺得這種自我懲罰的感覺，跟這次的主題有什麼關係？」她恍然大悟：「我的憂鬱其實是在懲罰自己，我不允許自己快樂。」

「我可以允許自己快樂。」是小倩在結束催眠後，記得最清楚的重點。對她來說這次催眠開啟人生很重要的新頁，在那之後我們持續進行催眠一段時間，直到她有能力開始照顧童年時有缺憾的自己，並且在情緒上發展出與母親的健康界線，進而讓自己一步一步離開那片深海。

你可能會困惑：小倩一開始不是表示自己在催眠中什麼都看不到嗎？我聽過一些當事人有過類似的挫折，他們要不覺得自己無法在催眠中看到畫面，要不覺得很難跟上催眠師的引導，最難受的是催眠師告訴他們：「你不適合被催眠」。

可是當我陪小倩在催眠中探索時，她不只能夠清晰看見母親與童年自己的容貌、聽見她們說話的聲音，甚至身體上也有豐富細膩的感受。這是因為我並未採用傳統催眠流程固定、照念腳本的引導方式，而是使用小倩自發產生的隱喻素材來互動，這是對話式催眠很大的特色：善用當事人具有的資源，透過隱喻來進行潛意識的深層互動。

傳統催眠以催眠師為主體，要求當事人配合，會希望當事人閉上眼睛，最好躺著進行。過程中催眠師會運用特定的引導方式，像是請當事人注視靈擺、想像天使與高我、感受宇宙能量，並期待當事人可以看到畫面。如果在過程中當事人無法配合腳本進行，就會被判定他或她在潛意識裡有抗拒，或是就不適合被催眠。

傳統催眠給人一種神祕而帶有權威的感受，並且仰賴當事人的順從度，因此有相當比例的人會被歸類在無法被催眠的類別裡，也讓許多民眾對催眠產生誤解，認為催眠師會控制自己，進而趁著自己意識薄弱時，做出可怕的暗示，像是要求自己說出不願透露的祕密、做出自己不想做的事情、情緒崩潰等等。

身為擅長催眠的心理師，我為了破除這些迷思，開始發展以榮格心理學為基礎的對話式催眠。隱喻催眠則是對話式催眠裡其中一項極為重要的技巧，包含以下幾個特色：

1．善用資源

療癒不必然都要曠日廢時，必須持續一兩年以上才能完成。因為能夠啟動療癒的關鍵，在於當事人是否累積足夠向前走的資源，所以我在催眠裡不只會談困擾，也會陪伴當事人一起找資源。最值得關注的是，並非只有正向經驗才算資源，有時當事人的困擾本身也是個資源，這點在之後幾章的案例裡反覆可見。

2・重視關係連結

我認為當事人才是催眠裡的主角，催眠師的任務，是在過程中保護當事人的安全，並且陪伴他往他想要的方向前進，而不是強迫當事人順從催眠師的安排，去做催眠師認為對他好的事情。而我非常看重跟當事人間互相信任與尊重的關係連結，因為當事人在過程中需要願意參與其中，才能獲得最大程度的幫助。

3・以對話取代指令

有別於傳統催眠會直接對當事人下指令（不管當事人是否同意），隱喻催眠的過程是雙向的，我除了提供催眠引導，還會關心當事人的身心感受，甚至當事人可以主動提出困惑與懷疑，彼此進行討論，而不需要被動遵循命令。

4・量身訂做

這是隱喻催眠很重要的特點，不只是每個當事人的催眠引導需要客製化，即使針對同一個當事人，我所使用的方式也會有所不同。當事人在每次來催眠的時候，可能都會帶著不一樣的身心狀態，因此每一次的催眠都將是獨一無二，無法複製的。

5・多元應用

多數催眠取向只能一對一或是一對多進行，對話式催眠裡的隱喻技巧，則允許多對一以及多對多的應用方式，因此除了個別服務當事人之外，還可以應用在團體輔導、工作坊帶領、演講甚至是舞台表演的場合。除此之外，亦能搭配心靈牌卡、禪繞畫、藝術創作等媒材，增添變化。

看到這裡，或許你開始感覺到，催眠跟你想得很不一樣對嗎？在下一節裡，我將會進一步跟你分享這門獨特技巧的四個面向，繼續深入瞭解隱喻催眠的奧祕！

第2節

帶著隱喻的四把鑰匙，開啟通往潛意識的世界

不知道說到隱喻（metaphor）這兩個字，你心中會浮現出什麼聯想？我遇過不少學員詢問：「想要把隱喻學好，是不是一定要很會說故事，或是平常要大量閱讀故事？」似乎我們總是把隱喻跟故事聯想在一起，對我來說，故事確實可以作為一種隱喻，想要運用隱喻也不是只能說故事。

我對隱喻的定義主要有以下兩點：

1．在狹義層次，隱喻是種技術，是透過呈現 A，得到兩種以上意涵的溝通方式，而且這些意義往往超越表面可見的內容。這個定義與國際催眠大師傑弗瑞．薩德博士（Jeffrey K. Zeig）相似，他表示隱喻是一種多層次溝通技巧，說 A 是 B，並且得到 C。

舉例來說，當催眠師提及你的生命（A）是一棵大樹（B）的時候，當中蘊含的生長、茁壯、扎根、提供他人依靠與庇蔭等內涵（C1，C2，C3……），也都可能在你的潛意識中浮現。至於你會從樹的隱喻中獲得什麼啟發，不只會受催眠師的語氣、訴說方式與當

下氣氛所影響，還取決於你的性格、療癒的主題以及此時此刻的身心狀態。

隱喻催眠作為對話式催眠的重要技術之一，在技術層次上，可以細分成詞彙、意象、身體與故事四個元素，我稱之為隱喻四元素，簡稱 WISE。在這裡我們先快速理解這四個元素與隱喻之間的關係，再透過後續章節一一深入學習。

(1) 詞彙（words）

有些生活詞彙本身就帶有隱喻的性質，例如鑰匙具有開啟的意涵，「催眠是一把鑰匙，它能開啟通往潛意識的大門，讓你身歷其境地在內心世界裡探索」，這段催眠引導語，即是善用詞彙中的隱喻特質，讓當事人感覺自己正要展開一段探索。鑰匙也可以用來上鎖，因此這也暗示著當事人可以選擇自己要打開或關閉探索的過程，創造更多安心感受。

(2) 意象（image）

意象跟故事最大的差別在於故事有劇情，意象則單純只有畫面或符號，兩者共通的原理，都是讓當事人可以藉由將心靈投注其中，進而賦予抽象困擾清晰的面貌。在上一節的催眠案例裡，我請小倩形容那股將自己往下拉的強大力量，便是使用意象，陪伴她將說不清楚的感受，描繪為女人的手，小倩更進一步從手延伸到女人全身的意象，開啟童年經驗的探索。

意象也可能發展成一個完整的故事，例如我有時會請想要探索婚姻困擾的當事人，替自己與伴侶直覺各挑一種動物，在催眠中探索這兩種動物各自的習性，以及彼此如何互動，進而找到與伴侶連結的方式。

⑶ 故事（story）

故事是我們最熟悉的隱喻元素，例如宮崎駿的電影《神隱少女》，便讓女主角千尋為了找回爸媽而進入另一個世界，歷經名字失而復得的追尋過程，來隱喻人們找回自我的過程。

人們之所以喜歡聽故事，便是因為故事運用隱喻的方式，創造出讓潛意識在不經意的情況下啟動療癒的可能性。有時候我會在催眠時說些適合當事人的隱喻故事，幫助當事人能夠從中繞過意識限制，獲得潛意識的協助。

⑷ 身體（embodiment）

傳統催眠相當忽略身體的層次，催眠師習慣要求當事人乖乖躺好，最好不要隨意移動，然而在隱喻催眠中可以隨意走動，創造更多豐富的經驗。例如我會請當事人運用身體姿勢，來呈現他心中的憂鬱，讓我們更加具體地去觀察與感受憂鬱怎麼困住自己，進而找到離開憂鬱的出路。

除此之外，當事人的身體症狀、在催眠過程裡自發的身體感受，也都可以作為潛意識素材，協助當事人釐清與改善生活中遇到的困擾。

2．在廣義層次，隱喻是一種心靈現象的深度理解，是對人的高層次同理心。隱喻催眠在此可視為對話式催眠的心法，亦是啟動療癒的心靈原力。透過隱喻的眼光，催眠過程中發生的一切都可說是潛意識透過隱喻與你溝通的方法。

隱喻更可視為一種看待生命的態度。例如國際催眠大師史蒂芬・紀立根（Stephen Gilligan）便提到，症狀是潛意識捎來的訊息，上癮可能反映出當事人內在對親密的渴望與困難。因此與其靠意志力要求自己戒菸、戒酒或蛋糕，或許重新檢視人際關係，或是調整與伴侶的互動，反倒能自然地戒除不良嗜好。這便是以隱喻眼光重新理解與定義當事人困境，進而找到有效改變的方式。在隱喻的生命觀點中，凡事皆有表裡兩面，在表面現象底下，往往有其值得深究的裡層訊息，症狀即是療癒。

不知道你發現了嗎？隱喻四元素 WISE 隨手可得，當我們越能辨識與熟練使用，就越能在生活中創造自我療癒的時刻。

在撰寫這本書的時候，我剛好因為更換背包的不適應，導致肩膀脫位，當我開始探究肩膀的象徵意義，感受肩膀脫位的意象時，逐漸發現自己無論在工作或生活中，都太習慣「一肩扛起」所有責任。無論責任大小，我總是會嘗試獨力擔負，而忽略照料身心狀態。肩膀脫位便是潛意識提醒我要適度休養身心，避免將所有責任都攬在自己肩膀上，這讓我意識到似乎該重新安排工作進度，並將休息納入安排。

隱喻催眠不只能夠增進自我覺察，也能修正傳統催眠裡強勢要求當事人順從的缺點，甚至彌補傳統心理諮商過度重視認知思考的不足。例如有些當事人可能不知道該怎麼訴說自己的困擾，這時候如果能善用隱喻，往往能夠另闢蹊徑。例如有個當事人曾經在坐下來後，一直找不到合適的語言來訴說自己遇到的問題，當我們找到「受困在籠子裡的老虎」這個意象後，當事人忽然明白內心卡住的是什麼，並從老虎意象裡獲得力量。

此外，在實務上反覆請當事人重述創傷事件，反而可能會讓他困在不愉快的經驗裡，造成二次創傷，這時如果能使用隱喻作為虛實間的過渡地帶，往往能在守護當事人身心安全的狀況下，陪伴他們去療癒難以面對的傷口。

我常說隱喻跟學功夫一樣，分成技術與非技術兩個層次，前者是開啟療癒的技法，後者則是帶來療癒的心法。技法比較容易按部就班地上手，心法則需要長時間的浸泡；技術或許可以按照指導原則來練習操作，心法卻需要有足夠的經驗才能心領神會。在這本書中我會有系統地整理隱喻催眠的技法，透過案例與各式生活經驗的描繪，陪伴你浸泡在隱喻心法裡。

如果你還沒有學過催眠，可能對於催眠到底是什麼，還是感到有些困惑與好奇，因此在下一節裡，我會花些時間來跟你聊聊催眠的四個層次。

第3節

撕下催眠標籤，還原心靈現象的本質

如果說催眠是一棵大樹，隱喻催眠即是樹枝上其中一顆蘋果，傳統催眠、艾瑞克森催眠、NLP 等各式各樣取向也都是樹上的蘋果，它們全都源自於同樣的根基：催眠。

然而究竟什麼是催眠？當你翻閱不同書籍時，可能會看見許多不同甚至矛盾的定義，這對大多數想要尋求催眠，甚至想學習催眠的人而言，可說是一大困擾。因此我接下來想嘗試用現象學的角度，引導你找到看待催眠的完整視野。

催眠擁有古老的歷史，從公元前古希臘的睡眠神廟與部落的薩滿儀式開始，經歷許多醫生的鑽研，一路由佛洛伊德引入心理治療，到後來的催眠舞台秀，以及現代的催眠醫療手術。催眠像是一條隱形的線，貫串著人類歷史上宗教、科學、醫學與社會學等不同學門的發展。

在不同學科裡都可以觀察到催眠的存在，因此我們可以合理地推論，催眠並非某個領域的專利，而是用來描述可以透過人為觀察到的現象，並替這個現象所貼上的標籤。就好像我們將白天肉眼可見的發光體命名為太陽，晚上的發光體命名為月亮，將日月主宰的時間稱為晝夜，即使我們將日月晝夜的標籤撕下來，用不同的名稱代替，這些現象依然存在，催眠亦是如此。這便是為什麼業界對催眠一直不容易找到單一標準定義的原因，因為催眠是包含好幾種不同現象的標籤。

在催眠過程中，每個人的反應都很不一樣，有些存在於我的催眠引導語中，有些則沒有，可見每個人對催眠的感受都截然不同。每個人在進入催眠後，都會獲得屬於自己專屬的體驗，即使如此，這些體驗仍然具有幾個共通性質。

我對催眠的定義比較接近薩德博士的現象學觀點，以下是四種在催眠中最容易觀察到的現象：

1．感知強度改變

在進入催眠後，有些人會對聲音、氣味、光線變得比較敏感或不敏感，有些伙伴會開始注意到房間內原來還有許多細微的聲音，例如冷氣的聲音，或是覺得光線變得比較刺眼。有些人則會覺得身體好像沉入沙發，或是漂浮到空中，甚至有些人會覺得嚐到自己最喜歡吃的食物，這都是感知強度改變的經驗。簡單來說，就是視覺、聽覺、觸覺、嗅覺與味覺的變化。

2．解離反應

每個人都會自然經驗到解離，意思是跟自己的情緒、想法或身體感覺暫時分開，結束後又能自然恢復的現象。有些人會覺得在催眠中好像神遊太虛，暫時感受不到身體，只剩下意識遨遊在日月星辰之間，這就是標準的解離反應。又或者是在醫療催眠中，催眠師可以協助孕婦降低生產前的身體不適與疼痛感，讓生產過程變得順利，這種與痛感的輕微隔絕，也是所謂的解離反應。

3．注意力與覺察改變

大多數催眠都是陪伴當事人把注意力逐漸導入內在的過程，有些人會形容好像進行了一場細膩且更有層次的冥想，可能浮現童年愉快的記憶，或是感受到潛意識送來的直覺訊息，甚至找到困境的解答。這些畫面與訊息並不是靠頭腦硬想，而是很自然地在過程中冒出來，這是因為在催眠現象中，覺察力變得更加細緻了。

4．對暗示產生反應

對暗示有反應意味著當事人順著催眠引導，進行身歷其境的探索，例如催眠師說：「當你推開這扇門，將會進入到內心空間裡。」當事人不只看見一扇歷史悠久的門，推開後還來到溫馨舒適的書房，這便是當事人的潛意識對於催眠暗示有反應了。

我喜歡在課程裡將催眠區分成四個層次，好讓初學者能循序上手催眠這個龐大而複雜的系統。從催眠現象學的觀點來談，上述的四種現象，都可以歸納成下列四種層次的第一種，然而催眠其實還有另外三種不同的層次：

1．催眠現象（Hypnotic Phenomenon）

在生活裡暗藏大量催眠現象，例如當青少年看到手遊廣告時，會忍不住想要課金結果透支，或是先生總是控制不了自己的脾氣，注意力總是被鎖定在妻子說話的特定關鍵字或語氣上，無法輕鬆自如地改變溝通方式。這些都是自發的催眠現象，也是我們需要學習催眠，或尋求催眠師幫助的主因。因為催眠師可以引導我們調整這些催眠現象，好讓生活變得舒適一些。

催眠現象相當多元，無法在這本書中一一詳列，如果你有興趣知道自己如何在生活中被各式各樣的催眠現象所影響，可以參考我2019年寫的《潛意識自癒力》這本書。

2．催眠引導（Hypnotic Induction）

催眠引導是新手催眠師訓練的重點，在傳統催眠裡可能會請當事人看著水晶靈擺然後閉上眼睛，或是請個案想像自己走過一條很長的走廊，又或者是穿過隧道進入另一個心靈空間。用意都在於引導當事人啟動催眠現象，這些引導方式有成千上百種。

在日常生活中，直銷的話術或是職場談判時的策略，甚至是伴侶溝通時的語句，也都用上了催眠引導的原理，用意在於引發對方進入自己所設定的情境與思考模式中，進而達成自己所想要的目標。這與催眠師所要做的催眠引導正好具有相反的意圖：直銷與談判是以引導者的利益為主，催眠師所做的引導則是希望能保障當事人的最佳福祉。

3・催眠建議（Hypnotic Suggestion）

在催眠教材中，催眠建議又叫做正向建議，通常會由專業催眠師跟當事人充分討論後，擬定出清晰好記的句子，在催眠中反覆念給當事人聽，這是偏向傳統催眠的作法。隱喻催眠中則會細膩理解當事人後，運用隱喻的方式陪伴當事人找到回應困境的方式，這種作法比較有彈性，也需要更多實務經驗與學習。

若我們想要在催眠裡獲得最基本的協助，便需要藉由催眠引導產生催眠現象，進而在探索與覺察中產生催眠建議，同時催眠還具有第四個層次：療癒。

4・催眠療癒（Hypnotic Healing）

在傳統催眠裡，催眠就等於催眠引導加上催眠建議，然而這並不能保證有品質地處理困擾，甚至有時候在這過程中，當事人的身心會受到極大的擾動，久久無法平息。對我來說，催眠最後要通往的層次是療癒。

我對療癒的定義是「身心安放」，能夠自然表達個人想法，也能與外在環境順利接軌，並能維持身心舒適與自在。要能到達這個境地，通常需要不只一次的催眠，我選定榮格這門深度心理學作為理論基礎，便是因為在療癒的過程裡，需要大量關於人類心理的深度知識。

因此在下一節裡，我想好好跟你聊聊催眠跟心理治療之間的關係，以及隱喻如何貫串在兩者之間，形成啟動心靈療癒的原力。

第4節

運用療癒三原力，開啟沒有催眠的催眠治療

這幾年我越是深入學習，就越發現有品質的催眠療癒，必然需要應用到許多心理諮商中的元素，而每次觀看資深治療師的談話，都如同看了一場催眠療癒。後來我逐漸意識到，催眠跟心理諮商都共享著我稱為療癒三原力的要素，它們分別是注意力（attention）、想像力（imagination）與暗示力（suggestion）。

1．注意力（attention）

所有的催眠現象都涉及注意力的集中與移動，華人資深催眠師唐道德老師，便曾提及「催眠是注意力的管理」，意思是若想從催眠中獲得幫助，就需要學會如何有效地將注意力放在對自己有益處的地方，例如呼吸。多數催眠師都會在催眠開始時，請當事人閉上眼睛，做一個深深的深呼吸，這便是幫助當事人隔絕外界干擾，並且更容易往內聚焦的一種方式。

在隱喻催眠中，我催化注意力移動的方式比較多元，透過蘊含深意的手勢，或是呼應當事人內心情感的隱喻故事，都可以自然地陪伴當事人從外部世界，進入到內心世界。

當當事人開始專注在內心世界時，有些人開始會覺得意識變得比較模糊，有些人則開始會自發地接收到直覺畫面，這都是注意力往內移動後，自然會產生的現象。甚至有些人會覺得對聲音、光線的變化比較敏感，這也都是前一節提過的催眠現象。

那麼在心理諮商中會怎麼引導當事人集中注意力呢？聰明的你可能想到了：眼神接觸。在傳統口語諮商中非常強調心理師要跟當事人持續保持眼神接觸，而這對當事人來說，便是個直接且強而有力的注意力管理方式！

2．想像力（imagination）

在傳統催眠中，非常仰賴當事人的想像力，催眠師在引導當事人放鬆後，可能會請他們想像有一道門，通往內心世界，又或者是邀請他們想像與天使及高我對話。許多傳統取向的催眠師感到挫敗正是源自於此，因為他要求當事人想像的東西太有難度，以致於對方「進不去」。

其實想像力也可以運用在過去真實發生的事情，在隱喻催眠中，我會請當事人想像他如果是自己最欣賞的偶像，會怎麼看待正在面對的困境，又會做出什麼樣的回應。相對之下這種想像因為建立在當事人自發的經驗裡，所以會更容易進行，當事人也較容易從中獲得覺察與啟發。

在諮商中有各式各樣運用想像力的方式，例如完形治療的空椅法，會邀請當事人想像要對話的某人正坐在面前的空椅上；焦點解決治療則會請當事人從想像中的水晶球裡看見想要的未來，這都是心理師使用想像力的絕妙技巧。

3．暗示力（suggestion）

一般沒有學過催眠的人，會誤以為催眠師將透過暗示，植入對自己的控制或不良企圖。事實上所謂的催眠暗示，更像是當催眠師聽完當事人的描述後，把當事人尚未覺察的內在需求說出來。例如「我接納自己所有的情緒」或「我的身體很聰明，會自動挑選適合的食物」。所有有效的催眠暗示必然源自於量身訂做的自我暗示，否則不易長久維繫，甚至當下便會失敗。

暗示還具有另一個層次，便是語言或形象所帶來的影響力，例如當催眠師請你輕輕閉上眼睛，而你也真的閉上了，這裡面隱含著另一層訊息，那就是「我可以順著話語的引導，開始進入催眠裡」。這便是語言帶來的影響力，背後是當事人對催眠師形象的信任。

在隱喻催眠中很強調當事人的自主性，所以我通常會說：「你可以選擇閉上眼睛，或睜開眼睛，睜開眼睛的時候，你可以確認自己安全地坐在這裡，閉上眼睛時你可以很好地進入深深的催眠裡探索。」這是運用語言，透過當事人對我的信任，將控制權交還給當事人的一種暗示。

暗示力可說是催眠三力中比較不容易運用的一股力量，因為這很考驗催眠師語言的精緻程度，事實上最高級的暗示力，便是心理師回應當事人時的高層次同理心。因為要能進行深度同理，心理師必然需要將當事人內在最深層的害怕與渴望，透過語言予以揭露，而這與催眠暗示具有相似的功能，都會催化當事人改變。

看到這裡，你會發現無論是催眠或是心理治療，都共享著療癒三原力的要素。帶著這樣的認識，讓我們繼續來看看催眠、隱喻以及心理治療的關係。

心理治療祖師爺佛洛伊德（Sigmund Freud）是個善用隱喻的治療大師，他提出的伊底帕斯情結（Oedipus Complex），典故即出自於古希臘伊底帕斯王弒父娶母的神話故事。透過這個隱喻，他說明男人如何因為受到與父親競爭的焦慮感，因而產生各種心理障礙。想要成為一個健康的人，我們就必須克服這些情結帶來的焦慮跟創傷。

榮格（Carl Gustav Jung）是另一個深諳隱喻的治療大師，他用希臘劇場的面具隱喻我們為了適應社會生活，會不由自主地戴上打造精良的面具。雖然這能讓我們扮演「正常人」，心中卻有一抹影子徘徊不去，並且躲在暗處伺機而動。

榮格心理學最發人省思之處，在於邀請我們接納陰影的存在，人格面具（Persona）與陰影（Shadow）是一組看似對立，卻互相完整彼此的心靈面向。人格面具幫助我們適應社會，陰影則讓我們感受到生命能量，兩者都對我們的心靈有益。

事實上回顧整個心理治療史，不只是佛洛伊德與榮格、完形治療大師波爾斯（Fritz Perls）以及家族治療大師薩提爾（Virginia Satir），甚至後現代取向的幾位創始人，他們的治療觀點與技術都深受催眠所影響。

薩德博士將這些心理治療學派稱之為「沒有催眠的催眠治療」，因為雖然這些治療大師沒有使用傳統催眠技巧，但在他們的理論與技術中，都有許多催眠的軌跡。因此我會說催眠是心理治療的底醞，隱喻則是貫串其中的隱藏力量，一如電影《星際大戰》中，每個能夠以一擋千的絕地武士，都懂得運用原力作戰一樣，隱喻便是催眠與心理治療的原力。

看到這裡相信你已經發現了，催眠、心理治療及隱喻如同三位一體，彼此之間互有關係，是相同現象在不同層面的展現。身為擅長催眠的心理師，我認為隱喻四元素 WISE 組成了隱喻的本體，隱喻則是橋接催眠跟心理治療的關鍵要素，而隱喻又由注意力、想像力與暗示力這三股力量所組成，彼此環環相扣。

因此，具有心理諮商訓練且精熟隱喻的催眠師，將能處理傳統諮商裡較難協助的諸多議題，我將於下一節向你進行詳細介紹。

第5節

張開隱形的翅膀，在內外世界間飛翔

隱喻催眠最奧妙的地方，就在於兼具了心理治療的理論基礎，以及許多催眠技巧，針對一般心理諮商中比較難以處理的三大議題提供了很好的協助：

1．身體議題

傳統心理治療，擅長的協助範圍主要是個人的情緒、想法或關係互動，在身體症狀這塊，普遍交由其他醫療人員進行處理。然而西方醫療體系對於身體症狀的治療，主要仍然採取壓抑的方式，透過藥物來緩解疼痛與症狀，並將身體與心靈視為各自運作的獨立單位。在這個情況下，有許多尚未找到原因或有效療法的症狀，例如過敏、疼痛等，往往只能仰賴藥物降低不適感，卻難以找到與症狀和平相處的方式。

在當事人已經接受正規醫療協助的情況下，我會陪伴當事人藉由催眠進一步去探索這個疾病對自己的意義是什麼，將症狀視為潛意識的隱喻訊息，進而替療癒負起主動積極的責任。

對身體症狀的關注，起因於我從小就有嚴重的異位性皮膚炎，除了每到夏天便奇癢無比，從高中到大學畢業為止，更是一年四季被全身性發炎持續轟炸，導致人際、情緒與生活作息被嚴重干擾。

當開始藉由催眠一次次地深入探索，我才開始注意到皮膚不只象徵著人際界線的薄弱、原生家庭中尚未化解的心結，也揭示著我在親密關係中的課題，甚至是累積壓抑過多的情緒所致。表面上困擾我的是異位性皮膚炎的症狀，潛意識底層卻存在諸多值得探究的議題。

現在我越來越清楚在每一次惡化的時候，潛意識想透過皮膚向我傳遞什麼訊息，儘早在生活中做出相對應的調適。有些當事人也在過程中，逐漸理解慢性疼痛、癌症、過敏或意外舊傷所要傳遞的心靈訊息，這些都是傳統心理諮商中較少觸及的層面。

2・創傷議題

創傷是心理治療中相對複雜的領域，尤其是針對被家暴、性侵或童年成長過程中，長期遭受情感忽略與嚴苛對待的當事人來說，即使事隔十多年，長大成人後仍然很容易會因為一些外在刺激，而引發出恐慌、憤怒、崩潰或害怕退縮的反應。

在心理治療中針對創傷的處理方式，通常需要耗費相當漫長的時間，短則一兩年，長則需要維持數年，這是為了避免太快觸及潛意識中深埋的地雷，提早引爆創傷反應讓當事人二次受創。隱喻催眠中強調啟動資源的部分，可以催化當事人的復原之路，進而縮短療癒所需的時間。

舉例來說，在隱喻催眠裡可以讓當事人學會自我保護、逃脫及反擊策略，或是建立內在的安全基地，使自己的心靈能夠獲得滋養與修復，或是透過調節身體自律神經系統的技巧，協助當事人練習在情緒暴走失控之前，逐漸平復下來。這讓原來可能要耗費數年以上的治療，可以大幅縮短。

雖然隱喻催眠可以催化創傷復原的過程，在過程中我仍然會與當事人一同評估需要哪些專業資源的協助，例如精神藥物的使用並需要交由醫生做判斷。若當事人有生命安危則可能需要社工介入，如果需要鍛鍊反擊技能則可能需要有可靠的教練協助。由於創傷涉及的層面相當廣泛，為了維護當事人的最佳權益，若催眠師本身沒有受過醫療訓練，全交由催眠師一人處理，很可能是不夠的。

3．靈性議題

在較為狹義的層次上，靈性議題偏向靈魂、能量、生命藍圖的議題，然而從廣義來說，我認為靈性議題還需要涵蓋像是宇宙觀、生命觀這類偏向萬物存有的議題。

靈性議題是近年來逐漸被台灣心理治療領域關注的新興議題，目前尚未發展出足夠的實務態度跟技術，來陪伴當事人去探索靈性方面的疑問，像是：「我這輩子的人生使命是什麼？」「如果我有靈魂藍圖，我該如何去探索與發展？」「我會做預知夢，或從小就有些常人沒有的天賦，這是宇宙有什麼訊息要告訴我嗎？」這類問題通常會被歸類到宗教、神祕學等領域裡。

我傾向於將天命、召喚、靈魂這類的靈性議題，納入隱喻視野中去進行探索。如同情緒、想法或人格特質，這些層面對當事人都是相當真實的存在，並且帶來顯著的影響，然而旁人卻未必能夠如當事人一樣清晰地感受到。這種特性突顯出靈性議題的隱喻特質：面對同一個現象，每個人的詮釋皆有不同。在隱喻催眠理我將會陪伴當事人進行探索，幫助他在世界上活得安穩踏實。

榮格心理學強調人若要活得健康，便需要同時發展內外兩種視野，一隻眼睛看向外界，讓我們札根於物質世界上；另一隻眼睛看向內在，讓我們能夠探究表層之下的真實。內與外、物質與靈性是組成完整世界的一體兩面，而隱喻所具有的多層次特質，正好在內外世界之間搭起一道橋梁，這便是隱喻催眠能夠觸及上述三種議題的重要原因。

最後我想特別強調，基於台灣法律規範，若不是精神科醫生不能進行心理治療，若非諮商或臨床心理師則不能進行心理諮商。在沒有受過相關訓練的情況下，如果你是催眠師，遇到有身體症狀的當事人，一定要優先建議他就醫，並服用所需的相關藥物。

如果遇到有憂鬱症、焦慮症或具有身心創傷的當事人，請避免自己強行硬撐，應該建議對方尋求有心理諮商背景的催眠師協助，或是與心理師、醫生等相關背景的人員共同合作。除了保障當事人權益，也避免自己在過程中受到職業傷害。

現在我們對於隱喻催眠有了足夠的認識，在接下來的章節裡，我將會一一探討隱喻四元素 WISE 的內涵與應用，讓我們一起繼續這趟隱喻催眠的探索之旅吧！

CHAPTER 02

我們每天都生活在隱喻的程式碼裡

第1節

我們都愛聽故事，因為可以從中看見自己

跟著故事主角的步伐，我們得以穿越生命成長的課題

當代有越來越多專家指出人們喜歡聽故事的天性，企業費心研究如何透過故事打動消費者的心，教育者思考如何運用故事來啟發學生的潛能，心理師則將故事用來療癒人心。接下來我想跟你聊聊故事在催眠裡的運用。

我想先邀請你回憶一下，當你完全沉浸在感動自己的故事裡，這是什麼樣的經驗呢？無論這個故事是來自於電影、小說、影集、動漫或台上演講者的訴說，你一定擁有被故事碰觸到內心的回憶。

當故事吸引了你的注意力，會有這樣一個瞬間：你目不轉睛地看著螢幕（或書中文字），覺得自己好像整個人都被吸入故事裡的世界，你不再只是你自己，會陪著主角哭、跟著主角笑，甚至全身每個細胞都感到被危機威脅的戰慄。你完全成為故事裡的主角，經驗另一個世界的一切。

從催眠現象學來說，當你被故事捲入時，至少會經驗以下幾個變化的其中一項：

1．感知強度改變：你可能覺得顏色變鮮豔，或是視線變狹窄，又或者是心跳加速，整個人的知覺變得敏銳。
2．解離反應：你可能徹夜看完《哈利波特》而不覺得累，又或者為了一口氣看完三集《華燈初上》而忘記上廁所，這些暫時與身體失聯的現象都屬於解離反應。
3．注意力與覺察改變：當你不只被故事打動，還從中獲得對生活的啟發時，便啟動了內在覺察。許多人說《哈利波特》陪伴自己長大，便是因為從哈利的奮鬥中，覺察到因應難題的智慧，這是故事極具魅力的元素，也是人們熱愛故事的原因。
4．對暗示產生反應：當你聽完一個動人心弦的故事，會更願意接受故事者的號召去做出行動，例如善心捐款或買一瓶上好的威士忌，這便是為何越來越多廣告商跟企業都在研究如何說故事的原因。

從催眠現象學的語言來說，故事是隱喻催眠中的重要元素，甚至敘說一個恰到好處的故事，本身就是一場催眠。

透過投射，我們主動參與對自身有益的催眠

故事究竟是如何催眠我們的呢？如果不是被動聆聽另一個人說故事，我們可以主動從故事中找尋療癒自己的方式嗎？我認為答案是肯定的。

即使是在催眠過程中，催眠師看似講了一個精彩動人的故事，如果當事人對內容沒有感覺，我認為這個故事只是感動到催眠師自己，卻無法使當事人投射自己的內心素材到故事裡，因而導致無感。換句話說，投射（projection）是故事能引導人進入催眠獲得療癒的關鍵。

榮格認為投射是讓自我意識進入內在世界的方式，我們可以藉由將內心渴望投射到外部世界，來獲得對自己有意義的素材，好用來抵抗人際關係中的焦慮或是生活中的痛苦，而我認為投射可以讓我們主動去尋找有感覺的故事，幫助自己汲取改變困境的養分。

在接案歷程中，我發現一些遭受霸凌或在校課業不好的青少年，不約而同都跟我聊起「穿越」的動漫劇情。主角通常是來到異世界或古代，變成強到爆表的勇者。藉由跟著主角群在廣大世界裡冒險與掙扎，似乎便能獲得一絲絲安慰，讓他們還有些勇氣繼續在校園裡苦撐著。

在催眠會談裡，幾個年近三十的年輕女性則恰巧都跟我聊到《三十而已》這部中國劇，這是一齣講述三十歲女子因應職場與愛情挑戰的劇。很有意思的是，個性溫順的當事人會羨慕較為叛逆的劇中角色，而堅強獨立、事業有成的人，反而渴望成為勇敢追愛的角色。由此我們可以明白即使是同一個故事，因為投射作用，帶給每位當事人的啟發也截然不同。

神話故事，攜帶著古老的心靈療癒元素

故事能夠引發投射，越是具有古老象徵意涵的故事，就越容易啟動當事人的投射。對話式催眠有一塊理論基礎源自於榮格，因此我在對話式催眠中會視情況運用神話故事，陪伴當事人穿越生命困境。事實上榮格本人就是個擅長運用神話的治療大師。

在《人及其象徵：榮格思想精華》一書中，榮格便曾經提到，許多心靈素材是從先祖時代就流傳下來的，這些素材構成了集體潛意識的內涵，每當我們閱讀神話，都會本能地對當中的人物與劇情產生共鳴。

這就是為什麼我們會對孫悟空桀傲不馴又對唐三藏忠心耿耿的行徑露出會心一笑，因為孫行者的形象，傳神地刻畫出我們個人自我與群體自我間的拉扯，有時候我們會有想要違抗主流價值的衝

動，然而當念頭升起時，又會有個道德緊箍咒冒出來，希望我們多考慮別人一些。豬八戒與沙悟淨，則各自象徵人心中不同的慾望，同樣勾起心中的各種人性想望與掙扎。

我曾經幾度在催眠或諮商裡跟當事人聊起孫悟空的故事，他們的共通特質都是害怕情緒失控，習慣用理智來壓抑情感。然而理性邏輯終究無法完美駕馭情感，因此每當要進入親密關係時，他們就會覺得自己變得任性、蠻橫與情緒化，炸傷對方也苦了自己。

當他們意識到自己過度認同頭上的緊箍咒，才開始有機會明白這股任性或許如同孫行者的不羈，是過往創傷經驗所形成的爆炸性能量，為得是防止自己再次受傷。當他們開始練習駕馭這股能量，如同孫行者懂得善用自己的能力時，在愛人面前便不再只是潑猴，而是充滿信心又能勇敢去愛的行者。

童話是說給大人聽的隱喻，是人類內在智慧的結晶

除了神話，童話故事也是榮格心理學的文本解析重點，榮格的頭號弟子馮．法蘭茲（von Franz）專門解析童話故事，她在《公主變成貓》這本書裡提及，童話非常貼近人類古老的心靈結構，因此解讀童話需要運用象徵及隱喻的手法來進行。

小櫻（化名）是一名飽受焦慮所苦的年輕女性，她覺得自己不夠好，才會每一段戀情最後都是以對方主動追求開始，又以對方劈腿結束。她在催眠時發現，無論是在工作或感情上，她不只很難選擇想要的，也很難下定決心離開不想要的，甚至當初選擇科系的時候，她也是順從地接受母親的安排。這讓我想到《長髮公主》這個童話故事。

我形容她就像是被巫婆關在高塔裡的公主，接著講述巫婆非常愛護公主，愛到深怕她遭遇一丁點危險，所以才把她關在高塔裡，每天親自替她送飯、梳頭髮。公主唯一能做的，就是從塔內的小窗戶看著天空，偶爾唱唱歌。當我說到這一段時，我看見小櫻的表情有了些變化，眼角變得有些濕潤。

《長髮公主》是講述女性在危機裡長出力量穿越兇險、獲得幸福的故事，當我說完故事，詢問小櫻對哪個段落最有感覺的時候，她沉思後回答：「當公主本來以為遇到王子可以過著幸福快樂的生活，卻被巫婆逐出高塔時，我的感覺很微妙，一方面覺得她被遺棄了，另一方面卻覺得自由了。」

我繼續詢問她從這故事裡聽見了什麼，她下了個註腳：「其實公主是有能力好好獨立生活的，只是她過去從來不需要這麼做，所以離開高塔反而是件好事，這讓她成為一個越加成熟的女人！」

小櫻從《長髮公主》裡獲得與母親適度分化，以及替自己做選擇的信心，這個收穫出乎我意料，然而這就是隱喻最有趣的地方。資源被藏在隱喻故事當中，需要當事人主動去挖掘，就像是我們從電影、小說跟影集裡，總會獲得自己當下最有共鳴的啟發一樣。

在下一節裡，我們將會繼續探索電影跟影集能夠帶來什麼樣的療癒經驗！

第2節

電影提供我們
從沒想過的人生解答

電影是意識與無意識結合的作品，指引我們往內在前進

在上一節我們談到神話跟童話故事都具有集體潛意識的內涵，在這一節裡我想跟你聊聊電影，電影與神話童話最大的不同之處，在於電影具有精心製作的劇本。

早在《星際大戰》首部曲的年代，榮格心理學便已經成為劇本創作者必讀的心理公式，而星戰是藉由意識充分汲取潛意識智慧後，構築出來的作品。換句話說，一部經典暢銷電影不只充滿當代流行元素，更具有集體潛意識的原型意象；不只是能喚醒內在感動的故事，更是一場刻意營造的大型集體催眠，我們得以從中獲得生命啟迪與寶藏。

我對電影的喜愛起於潛意識中與父愛的連結，因為看電影是小時候父親陪我做過的許多活動中，新奇又珍貴的一件大事。那是個沒有預告片，想知道電影放映時間只能查看報紙的年代。我永遠記

得自己第一次牽著父親的手，走進電影院看的是《獅子王》，看著辛巴在大草原上被野牛群追趕、與澎澎及丁滿在叢林裡嬉鬧、在懸崖上與邪惡的刀疤叔叔決鬥，每一幕都充滿驚奇與讚嘆，在腦海留下深刻烙印。

當我開始看懂電影裡的符碼及隱喻，甚至開始接觸榮格心理學，懂得更多象徵意涵後，回想兒時看的《獅子王》，竟發現這不只是一部拍給兒童的卡通，還是一部關於成長、失落及追尋的隱喻故事。

我們不需要住在叢林裡，也能跟著獅子王重拾力量

在亞洲催眠大會的專題演講上，有個學員詢問如何認識自己，以及開啟自我療癒的力量，當時我引用《獅子王》的劇情片橋段來回應：

辛巴當年還是小獅子的時候，因為刀疤叔叔的邪惡詭計，讓他誤以為是自己害死了父親木法沙。傷心又害怕的他在叢林裡自我放逐，多年後他巧遇青梅竹馬與兒時戀人娜娜。整個草原已經在刀疤的統治下，變得貧瘠、荒蕪而充滿死亡氣息，娜娜懇求他回到大草原上認回王位。

沒想到辛巴一口回絕，因為他覺得自己在這裡過得好好的，何必回去跟強大的叔叔爭奪王位？娜娜聽完回覆失

望地離開了，然而就在那天夜晚，辛巴來到河邊時，竟然從河邊倒影看見了父親的容貌。在那一瞬間深埋在他體內的家族血液再次沸騰起來，他不只明白了這麼多年來父親從未責怪過他，最重要的是他重新想起「我是誰」，因而決定重返大草原，幫助獅群脫離刀疤的統治。

我用《獅子王》作為隱喻回應這名學員，故事傳神地描繪出生命往往是在不知不覺中逐漸成熟，只要願意用心凝望，讓我們痛苦的事物可能會在某天化為養分。而當我們感到迷惘時，只要往內心觀看，便能重新憶起自己的力量。

我曾經向不同當事人講述《獅子王》的故事，有些人從這裡面感受到與父母親的連結，有些人從中重新認識了自己，也有些人在聽完故事後找到了生命方向。雖然他們聽見的故事是同一個，然而隨著每個人生命歷程的不同，他們都從中領悟了屬於自己的生命哲理。

對我來說，每個人心中早就擁有他所需要的自我療癒力量，自癒力是木頭，電影則是一根點燃的火柴，當火花遇見乾燥的柴薪，火焰熊熊燃起便會是必然的事情。因此主動挑選一部好電影，是我們可以替自己進行的深度療癒。

當生命陷入低潮時，好電影不只能帶來慰藉，還能翻轉視野

如果當事人主動跟我提起最近看過的某部電影，我就不會花太多時間鋪陳故事發展，而是直接使用裡面的關鍵劇情，作為催化當事人改變的素材。

志強（化名）在成長過程中，一直覺得被父母親忽略，這讓他覺得自己從小就缺乏足夠的關愛，進而影響到人際互動時的自信心。排行老二的他覺得爸媽總是偏愛大哥與小妹，而自己怎麼努力，都好像沒有辦法讓爸媽願意看自己一眼。這種內心的空虛及鬱悶，讓他在一次重大分手事件後得了憂鬱症，最後在朋友的介紹下來找我催眠。

在某次催眠會談時，志強提起韓國電影《與神同行 2》，表示對陰間使者找回記憶的過程很有感覺，我看著志強說：「你一定記得電影裡有段話這麼說……當你憤怒、埋怨、感到無法理解的時候，把事情倒過來重新想一遍，你就會找到解答。」

我觀察到志強眼神有了細微變化，就好像逐漸要沉浸在過往回憶裡一樣，因此放慢速度繼續對他說：「所以或許你可以做一個深深的深呼吸……允許自己回到一個重要的童年時刻裡。」

他很快地回憶起一個兒時經驗，在催眠中他發現父母其實並沒有偏心，是因為自己當時在鬧脾氣，父母無奈之下，只好把糖果先給了哥哥與妹妹，並留下他的那一份。這個重要時刻被遺落在心靈的角落裡，直到催眠時才浮現出來。

當他睜開眼睛後，紅著眼眶對我說：「我一直以為爸媽偏心，可是在剛剛的片刻裡，我竟感受到爸媽其實一直深愛著我，是我沒有敞開心，即使有愛也進不來！」

在電影裡可能蘊含著潛意識的解答，等待我們重新憶起

《與神同行 2》的劇情，是講述陰間使者三人組在將死者帶回冥府的途中，不只逐漸回憶起自己的前世，還發現自己是因為生前執著悔恨而死，於是自願成為遺忘過去的陰間使者，在冥府努力協助亡者順利投胎。這原是一種透過助人來救贖悲慘過去的昇華，卻因失憶而變成自我囚禁的牢籠。

因此在接近真相大白的前夕，家神才會對他們說出：「當你憤怒、埋怨、感到無法理解的時候，把事情倒過來重新想一遍，你就會找到解答。」因為當他們以完整角度來回憶往事時，才發現事情跟自己當初所理解的並不相同。

或許志強的潛意識裡一直在找尋療癒心結的機會，因此無意間投射了自己的成長經驗到陰間使者身上，並在催眠會談裡主動提及，讓我有機會能順著電影劇情引導他重新陪伴小時候的自己，並找回塵封在內心的記憶。

在後續的催眠中，志強數次透過催眠裡的回溯（Regression）技巧，找回更多生命中被滋養的經驗，甚至對前女友產生新的理解，因而感到釋懷。隱喻催眠的神奇之處便是當我們感到困頓的時候，若能放開頭腦執著的，順著潛意識的引導把事情倒過來重新看一次，我們將會找到遺忘在心底深處的解答。

第3節

影集活生生上演著我們內心的小劇場

影集是加長版的催眠，提供細膩而豐富的心理素材

自從 Netflix 打破觀影體驗後，有越來越多影音串流平台誕生，讓我們隨時隨地都可以上網欣賞到精彩的劇情。如果使用隱喻的語言來說，電影很像是短期諮商，目標明確、主題清晰，並在短時間裡將所有內容一口氣拋出來，不過因為時間短，所以有些題材不太好處理。

影集則像是長期諮商，運用一整季甚至是好幾季的時間，讓我們可以深入每個角色的內在世界，不同主題交織成一個龐大的世界，讓人能夠迂迴著探索前進，並獲得比電影更加立體而深刻的經驗，麻煩的是需要花上很久的時間才能把錯綜複雜的主題消化完畢。

我發現能引發全世界觀眾熱議的影集，同樣是因為能夠挑起人們潛意識的共鳴，即使影集中訴說的是西方甚至是未來科幻世界，卻能讓身在台灣的我們大受感動。從榮格心理學來說，神話、童

話、電影與影集，都同樣具有集體潛意識的原型象徵，都是隱喻催眠裡的好素材，而欣賞一齣扣人心弦的好影集，就如同看完一部好電影一樣，都是我們藉由投射作用完成的一場自我催眠。

從殺人犯身上，我們懂了自己到底在跟伴侶吵什麼

從 2018 年上映至今已延續四季，創下眾多熱議話題的《安眠書店》即是絕佳例子。《安眠書店》改編自同名小說，男主角喬伊是個浪漫多情又善體人意的男人，然而他就像是藍鬍子一樣，總在最後一刻殺死他所愛上的女人。

我曾在講座裡運用榮格心理學深度解析過前三季劇情，吸引不少在婚姻與愛情裡飽受折磨的學員報名。無論男女，不分老少，在他們心中都懷有跟喬伊一樣的疑問：「為什麼我對伴侶這麼好，他總是要背叛我？是什麼讓我這麼努力去愛一個人，卻總是得不到我所渴望的愛？」在《安眠書店》藏有眾人想知道的答案。

《安眠書店》第三季講述喬伊自從跟女主角樂芙結婚後，就決定要克制自己的殺人衝動，因為他想給兒子亨利一個好榜樣，更不希望自己跟樂芙再次因為失手殺死誰，導致警察找上門，害得兒子最後跟自己一樣，獨自孤單寂寞地在育幼院長大。

然而樂芙卻是一個寧可捍衛婚姻而殺人的女人，握有家族強力奧援的她更不害怕面對警察。因此當樂芙一時衝動打昏鄰居，並將對方暫時軟禁地下室時，雖然喬伊堅持不該殺死這位斯文溫和的好鄰居，樂芙卻一再堅持這是最好的方法。因為這位「好鄰居」不只把病毒傳染給他們的兒子，還知道了夫妻兩殺人的祕密，她咄咄逼人地要求喬伊提出更好的解決辦法，讓說不出話又堅持不肯殺人的喬伊一氣之下轉身走人。

在這段不超過 5 分鐘的劇情裡，雖然喬伊跟樂芙在吵的是要不要殺死一個人，事實上吵得是「你要照著我的話做，我才能感到安心！」當雙方獲得安全感的方式剛好相反時，便會引爆爭執，這時雙方表面上嘗試理性對話，其實就像是兩個小孩想吵贏對方一樣，都被情緒所綁架。

如果我們能穿越表象，就能看懂在這場爭執中，喬伊跟樂芙潛意識底下真正在說的是：「我想當個好先生（太太），所以如果妳（你）不照我的話做，就是在否定我好的這一面，因此除非妳（你）同意我的意見，不然我就會覺得自己很糟糕，而糟糕的人是不值得被愛的。」

當我們收復了陰影，便找回愛人的能力

榮格將這種會引發自己感受到不被愛的部分稱為陰影（Shadow），並將努力想要呈現自己好的一面的部分稱為人格面具（Persona）。榮格心理學認為伴侶之間經常互為陰影，基於成長背景、價值觀與個性等差異，對其中一方來說是好的行為，經常會挑起另外一方的焦慮與厭惡。這就是為什麼通常一開始伴侶之間會認為彼此很互補，時間久了卻會開始嫌棄。

喬伊跟樂芙之間的爭吵，向我們揭露出伴侶衝突的深層因素，喬伊的人格面具內向而壓抑，樂芙則外向而熱情。他們在相遇時覺得這份互補實在太美妙了，雙方都沒發現自己之所以愛上對方，是因為對方擁有自己渴望擁有的特質，然而最矛盾的是這份特質其實會引發焦慮，因為在過去的成長經驗裡，這份特質經常帶來麻煩。

剛開始浪漫戀愛的刺激（焦慮跟刺激在愛情初期經常被混淆），在兩人結婚以及兒子出生後，逐漸開始變質。樂芙覺得喬伊太冷漠，喬伊則覺得樂芙太黏膩，最後演變成剛剛前面的那則激烈爭吵。殺手夫妻吵的是要不要殺死鄰居，一般夫妻則從金錢使用、婆媳互動一路吵到家務分配與親職教養。

從喬伊跟樂芙這對殺手夫妻身上，我們可以學到一件很重要的事情，那便是伴侶爭吵經常源自於潛意識，這並非意識可以完全控

制的事情。如果我們可以看見自己總是在對方身上，投射出內心想要否認與壓抑的特質，並且透過學習自我接納，開始能夠欣賞伴侶身上種種與自己不同的特質，我們就又距離愛的感受靠近一步。

要能做到這一點，首先需要學習覺察。

覺察是改變的開始，影集幫助我們旁觀者清

小可（化名）曾在催眠時提起，她對喬伊心中的小劇場非常有共鳴。每當戀愛的時候，總會不由自主地想很多，而且每一場戀情到頭來似乎都一樣：起初她發現一名穩定體貼的好男人，雖然她總會觀望幾個月才交往，最後對方卻總是變了個人，甚至有一任前男友還會慣性劈腿。她會傷心控訴對方並激烈地提分手，接著進入憂鬱低潮裡，直到下一個點燃愛火的男人到來。

「我覺得自己就好像喬伊，每次都很努力克制不要愛上偶然遇見的人，然而就算他一直告訴自己不要這麼做，心中仍然有股莫名的衝動，不由自主撲向有好感的對象，又在一連串的錯誤中親手殺死對方。」

聽到這裡我好奇地提出疑問：「妳覺得是什麼讓喬伊會有這麼多小劇場？」她轉了下眼珠子：「應該是因為很沒安全感吧？」我點點

頭：「沒錯，所以妳應該發現了，重點不在於喬伊愛錯對象，而是他心中總是很不安，這份不安剛開始會被熱戀所掩蓋，最後卻像是汙漬一樣逐漸擴大……」

談到這裡，她立刻替我把話說完：「這時候就是他覺得自己愛錯人，並且萌生殺機的時候。」說完這句話，她赫然發現或許不是自己總是遇到渣男，而是因為太過焦慮不安，並且如同喬伊那樣缺乏覺察，於是總像是飛蛾撲火般進入一段段不適合自己的關係。

看到這裡，你可能會心想：「有了覺察後，該怎麼做？」在下一節我想與你分享我們如何運用故事帶來的覺察，替自己帶來改變。

第4節

三生三世為得都是活出這一世

前世回溯是專業催眠技巧，用來處理找不到答案的困擾

在國際催眠培訓課程中，我們會學習一種很特別的技巧，適用於當事人主觀上想不起困擾成因的情況。像是當事人說：「我總是莫名在天黑時就覺得害怕，想要趕快回家，可是一直不知道為什麼」，又或者是「我已經頭痛很多年了，但做過各種檢查就是找不出原因來」。名為回溯（regression）的催眠技巧就可以派上用場，在本章第二節，我跟志強進行催眠時便曾經提及回溯的應用。

回溯跟感冒膠囊一樣分成兩種：年齡回溯與前世回溯，這個技巧建立在一個前提假設上：如果這一生的記憶像是 Youtube 影片，可以往前倒轉，那麼只要倒轉到某一個時間點，就可以探查過去的事情，進而解開被遺忘的阻礙，穿越現在所遇到的困難，這便是年齡回溯。

按照這個假設，如果這輩子影片倒轉至 0 分 0 秒，再往前會有什麼呢？可能就是某一世的記憶了，如果在催眠裡看見的經驗不在這輩子，而是在唐朝、清代甚至是古文明與外星球，都通稱為前世回溯。

你可能發現了，在催眠師的世界裡，前世只是一種假設，而且大多數前世回溯裡的經歷，都無法從已知的歷史線索中獲得考證。我偶爾會開玩笑地跟課程學員說，如果前世回溯看到的都是真的，那要怎麼解決有這麼多人都是同一個朝代的公主、皇帝或將軍呢？難道漢武帝跟楊貴妃具有分靈體嗎？因此回溯技巧的重點其實不在於找到困境的答案，而是改變對困境的詮釋，開啟不同的作法與出路。

在我多年的實務經驗裡，觀察到一個有趣的現象：大多數的當事人都會發現，前世回溯的經歷，跟這輩子有許多相似之處，可能是兩世的自己性格上有些類似，都對某件事特別執著，也可能是遭遇雷同，例如上輩子跟這一世都在關係中蒙受冤屈。有時候則是呈現出互補模式，例如上輩子過得自由不羈，這一世則活得小心翼翼。

總而言之，不管前世看到的是真是假，好像都能回應到當事人所帶來的疑問，因此我認為前世真假並不重要，重要的是如何理解這些從前世看到的記憶，並將這些記憶當成是解開心結的線索。

穿越回古代盛世，從公主的身世裡解開心結

在上一節中提到的小可，在覺察到自己的不安全感如何影響自己後，在下次催眠我們做了前世回溯。當她順著引導進入催眠，睜開心靈之眼後，發現自己成為某個朝代的公主，那是人類史上的強大盛世，為了鞏固皇族血脈，公主們不得自由戀愛，偏偏她愛上了貼身護衛自己的家僕。

熱戀中的兩人規劃好趁夜色逃出宮中，為愛遠走天涯，卻被人發現而攔住，最後愛人被流放到邊疆充軍，公主則自縊在房間裡，結束了那一世的性命。當回溯到兩人被拆散的那一幕時，眼淚不停地從小可的眼眶流下。從面部表情、語氣音調跟身體姿勢，可以看出她在當下此刻就是「公主本人」，其經歷比看電影來得逼真數十倍。

一場具有療癒效果的前世回溯，有賴於看完故事後的經驗整理，因此我運用藍海催眠系統發展出來的獨門技巧，陪伴小可回到雲端進行沉澱與覺察。雲端是經過特殊設計的心靈空間，除了可以保護當事人不受危險威脅，亦可作為補充能量與覺察的中繼站。

在雲端上我引導小可再次如同看電影般，讓前世記憶一幕幕在天空浮現，透過幾個提問，引導小可覺察：「哪一幕最觸動妳？」「在經過那一世的探索後，妳有什麼發現？」「潛意識如何回應妳在

親密關係中的困難？」「回到這輩子之後，妳在感情裡會有什麼不一樣？」

藉由一層一層細膩的引導，小可感受到愛情似乎不需要總是刻骨銘心、浪漫刺激，「能夠好好地找一個人，安安穩穩地度過，這是能延續更久的幸福。」在下兩次的催眠時，她表示自己遇見了新的對象，但這次似乎沒有急著要確認關係了，她想要在催眠裡多探索原生家庭的影響，以及接下來的人生方向。

前世是潛意識送來的隱喻，指引我們在此生找到出路

你可能會好奇，如果前世回溯看到的不是真實發生過的事情，是什麼讓小可從古代公主的經歷中，獲得改變呢？

不少當事人身歷其境地走完前世回溯的歷程，睜開眼睛後第一句話都會問：「剛剛我看到的畫面，究竟是真實發生過，還是大腦想出來的？」我通常會這樣反問：「你這輩子曾經被電影裡的某一幕深刻感動過，甚至覺得深受啟發嗎？」看見當事人點點頭，我繼續反問：「電影裡上演的劇情，全都是真實的嗎？」

電影或影集的故事未必全是真實的，我們卻能夠從中看見人生困境的答案，這表示在人類心靈裡，擁有「借假修真」的自我療癒

力，古人可能會從日升月落、四季更迭裡獲得生命洞見，現代人可以透過追劇來體會。

前世記憶如同一齣精彩萬分的劇，當我們將自身所面對的難題投射到回溯的場景裡，解答也正藏在這個過程當中。前世回溯很像是一場清醒時做的夢，潛意識總是會揀選適當的素材排列組合，等待我們從中獲得領悟。

想從前世回溯獲得幫助，仰賴催眠師的專業引導

想要從前世回溯的技巧中獲益，我建議你把前世看成是一種隱喻，遠比當成真實事件會帶來更多助益。因為隱喻可以允許我們從多元角度來理解自己的困境，如果把前世記憶完全當真，反而可能會讓自己被狹隘的思維侷限住。

因此對於特別指定想要看前世的當事人，我一定會先詢問他期待藉由前世回溯探索什麼課題。如此一來，我們不只比較容易找到思考隱喻的適當角度，我也比較清楚如何協助他將上輩子的記憶片段串連起來，形成有意義的隱喻歷程。最重要的是，確保探索過程的安全，前面所提及的雲端技巧，便是為了保障安全所做的設置。

引導當事人回顧剛剛的歷程是催眠裡的重頭戲，就像是看完一部好電影後，寫一篇屬於自己的心得筆記一樣。人在催眠中的覺察力會比清醒時大為提升，如同我陪伴小可從公主身世裡找回對感情的信任及安全感一樣。確立目標、充分沉浸、完整整理，是前世回溯能夠替你提供指引的三大元素。

事實上就我的實務經驗來說，九成以上的人都不需要透過前世回溯，就能解開多年心結，這點我們留待下一節繼續探討。

第5節

用心感受生活，我們每天都活在自己的隱喻故事裡

你的記憶不是你的記憶，記得的未必就是事實

雖然坊間許多催眠師都主打前世回溯的療癒項目，身為擅長催眠的心理師，我反而發現多數當事人的議題，似乎都不需要進入前世就能解開，許多看似這輩子無解的困擾，到最後都能藉由此生的經驗豁然開朗。這跟我從事心理諮商的實務經驗大有關係，因此首先我想跟來跟你聊聊，究竟什麼是「記憶」。

心理學家在認知心理學的研究中發現，記憶是一件很奇妙的事情，大腦似乎並不只是單純把每天的遭遇如同攝影機一樣地儲存下來。相反地這些經驗可能會受到各種原因，而讓某些重點被放大，某些細節則被淡化，甚至當我們每次再度回想這個記憶時，都有可能重新塑造這個經驗。

我們的生命就像是一部懸疑電影，開場時有個帶著強烈感受的場景，我們以為自己完整記憶了這個事件裡的每個細節，包括當時的場景、聲音、溫度與氣味，甚至是某個人所說的每一句話。

某天我們意外翻到了當初的現場照片，才發現有些事情好像跟自己所以為的不太一樣，當我們越去回想、越去探問，似乎隱約覺得哪裡不太一樣。當這齣電影來到尾聲，將所有線索都拼湊起來，透過再次深刻回憶，才發現整件事跟當初記得的截然不同。

這是為何多數心理師不覺得跟當事人討論「真相」會有幫助的原因，因為意識具有選擇性注意的特性，越探討有時反把真相弄得越加模糊。當我單純陪他去探索內在感受時，新線索往往會自動冒出來，可能是長期以來壓抑的念頭，或是一直被自己忽略的情緒。當這些散落在潛意識中的線索一一到位，多數當事人都會開始從看似無解的困境裡，發現解開心結的線索。

我們的記憶其實是一個個隱喻，帶著覺察便能改變命運

榮格曾說過：「對於無法覺察的事物，吾人稱之為命運」，我認為他的意思是說，很多時候在生活中感到身不由己的行為，或是認定無解的困難，其實都跟缺乏深度覺察有關。

前面提到的志強或小可兩位當事人，他們各自在經歷年齡與前世回溯後，不只情緒與想法大幅改變，甚至在面對原先的困境時，在行動上也大不相同。關鍵就在於在覺察之後，改變了對記憶的詮釋，進而帶動了行為改變。

記憶的高度可塑性，讓人生的回憶充滿隱喻的特質，正因為記憶並非完全客觀的事物，無論心理諮商也好，催眠也罷，都是將記憶看成一道值得用心揭露的謎題。當我們可以帶著覺察重新檢視自己的回憶，往往會看出先前沒有發現的事物。因此若是從這角度來說，我們的生活本身就是一個複雜而龐大的隱喻故事，當我們越能對這些隱喻產生新詮釋，就越有機會改變自己的命運。

有覺知地重述當年發生的事，將會帶來深層療癒

有些當事人在第一次來談話時，會用懷疑的口吻問我：「我現在告訴你這些有什麼用處？過去已經發生的事情又不會改變。」我總是說：「沒錯，歷史無法被改變，我們卻能透過有覺察地重述，改變對這件事情的詮釋，帶著這份新詮釋，我們就有可能開啟不同的可能性。」

在日常生活中，把過去的事情再說一遍，有時候只是讓自己的心情變得更不好，一來是說了也不能改變什麼，二來是有時當我們

再次訴說時，連帶地又把那些不好的感受反芻一次，這是許多人不喜歡把過去的遭遇再說一次的原因。對他們來說，重提往事最多就只是宣洩情緒而已，沒有什麼意義。

然而當我們將人生看成隱喻故事時，重述或重新經驗就會帶出意想不到的改變。依文（化名）因為婚姻困擾而來找我催眠，我們一路回溯到他的青春期時，他脫口而出：「我真的很討厭跟我爸媽說話，他們從來都不想瞭解我，只會說教。」

聽完他的陳述時，我回了一個隱喻：「我聽到你對爸媽感到生氣，同時在這個生氣底下，好像有種無奈，這個無奈像是在說，我其實很想靠近你們，可是不管我說什麼，都好像寄錯地址的一封信，沒辦法被你們收到。」

「我被爸媽說教，覺得很煩」是事件，然而這個事件背後要訴說的是極為複雜而多層次的情感：在煩躁底下有生氣，生氣之下有無奈，甚至在無奈的底層，可能有一種不被愛與接納的悲傷。

當我們能帶著覺察一層一層地撥開這些過往記憶的面紗，將會有一種深刻的「懂」，於是我們可以開始長出陪伴與承接自己的力量，這是隱喻催眠中的神奇時刻。這份療癒的質地除了可以在催眠裡獲得，如果你夠用心同樣可以自行在生活裡尋得。

帶著隱喻的眼光，我們將能發掘生活中本有的療癒力

我一直很相信每個人都有自我療癒的力量，只是有時候這股力量被堵塞了，或是受到重大事件的衝擊，暫時被自己遺忘了。然而只要從現在開始練習，你將會意識到生命中的療癒時刻就像是沙灘上的貝殼，只要用心尋找，資源俯拾即是。

在我看過的催眠大師中，已故的米爾頓．艾瑞克森非常善於在生活中找尋療癒時刻。他曾經對薩德博士講過一個故事：「就在前天，我走進一間餐廳準備替自己好好慶祝一番，那間餐廳的招牌菜是新鮮生蠔，於是我點了一打來吃，發現果真好吃！於是我又再點了一打、一打、又一打，直到結帳的時候，我發現一共吃了六十顆生蠔！」

當故事說到這裡，他微笑地對薩德博士這麼說：「能在六十歲生日的時候，吃六十顆生蠔，這是很有趣的事情，不是嗎？」這個故事不只突顯出他面對生命逆境的韌力，還讓薩德博士牢牢記住了他的生日（當時正逢艾瑞克森生日）。這有賴於他對自身生命的深刻洞見與覺察，才能信手將個人生命經驗，用隱喻催眠的方式啟發學生。

艾瑞克森其實經歷過數次小兒麻痺發作，而且他只能看見紫色的東西，聽力也隨著身體機能衰退而逐漸下降，換成是一般人很可能早就受不了這種生命苦難，為此陷入沮喪中。然而艾瑞克森總是

善於發掘生命底層的那股力量，就像是在堅硬的地面上，努力鑿出一口井來，因為他深信在這塊土地之下，絕對藏有清涼甜美的水。

看到這裡，你可能會好奇如何培養這種看待生命的隱喻眼光？還有其他方式可以覺察自己的生命隱喻嗎？在下一章我們將會透過詞彙（words）與意象（image）這兩個元素，繼續深入探討隱喻催眠的不同面向。

CHAPTER *03*

你說出口的話語，都是影響命運的咒語

第1節

大自然是最好的隱喻老師

常去大自然走走，隱喻就在山水間俯拾即是

在催眠工作坊裡，總會有認真的學生問我，要怎麼樣才能精進使用隱喻的能力，我回應的第一句話通常是「隱喻不只是說故事而已」。雖然在心理治療裡，隱喻很常被視為要說一個動人的故事，不過我越是發展隱喻催眠技巧，越發現隱喻是沙灘上的貝殼，數量繁多處處可見。

想要拾得珍貴的隱喻素材，其中一條路徑是熟悉意象（image）的使用。榮格認為意象會大量出現在神話中，並與隱喻有密切關係，同時認為意象不只是出現在外部世界的某樣東西，藉由與這個意象對話，我們將會產生個人情感，並因此帶出潛意識裡的心理素材。

舉例來說，古今中外的文人雅士，都非常喜歡運用大自然來借鏡內心，藉由與大自然意象的對話，來消化心中飽滿的情感，像是唐朝李白為了表達要與好友孟浩然道別的思念，寫了《黃鶴樓送孟浩然之廣陵》。

「故人西辭黃鶴樓，煙花三月下揚州。孤帆遠影碧空盡，唯見長江天際流。」表面上他寫的是江水滔滔，以及江面上形單影隻的船，事實上卻是透過目送老友遠行的眼光，來抒發心中惆悵。

我心情鬱悶時偶爾也會與大自然對話。在學校擔任心理師的時期，因為負責業務眾多，又常要處理學生的危機狀態，有一陣子每天都覺得壓力很大，當時好友邀約我去八里海岸轉換心情。我永遠記得坐在咖啡廳外面的躺椅上，曬著太陽、吹著微風，靜靜看著一大片水筆仔時的感受。

海浪就在我眼前默默潮來潮去，聽著海浪的聲音，覺得海就好像在對我說：「不管是開心或不開心的事情，在生活中都會來來去去，不會永久停留在原地。」在這一瞬間，大海解開了我心頭的鬱悶。事實上不只是大海，森林、高山、草地、瀑布等自然景觀都各有其療癒魅力，也難怪許多現代人假日喜歡往山海走去。

人就像是植物一樣，給予適當環境就能茁壯生長

綜觀心理治療發展的歷史，許多理論創始人都很喜歡運用大自然意象來作為人們復原的隱喻。例如家族治療先驅維琴尼亞·薩提爾（Virginia Satir）即以冰山的意象，協助我們瞭解在自己的日常行為之下，藏著一層又一層的感受、觀點與渴望，甚至當我們直達冰山底層時，將會碰觸到內在本然的療癒力。

個人中心治療學派創始人卡爾．羅傑斯（Carl Ransom Rogers）則曾形容治療師如同園丁，只要細心照料落在土壤中的種子，給予適當的生長環境，當事人就能逐漸變得越來越健康，這也是一種關於自我療癒的隱喻。從治療文獻裡，我發現不少治療師似乎都很喜歡用種子來比喻當事人從痛苦進入健康的過程。

米爾頓．艾瑞克森曾經受邀替一名有惡性腫瘤的農夫進行催眠，名為喬伊的農夫不僅堅持拒絕動手術，也很討厭被催眠。然而根據醫生的診斷結果指出，如果他再不儘快接受手術，將可能會危急性命，在十萬火急的情況下，喬伊的親戚只好暗中拜託艾瑞克森醫師幫忙。

艾瑞克森自己也是在農場長大的，所以當他來探望喬伊時，他只是不停閒聊種植農作物的種種事情：「喬伊，很高興能和你談話。我知道你是一位花商，也自己種植花卉。我是在威斯康辛州的一處農場長大的，我很喜歡種花，現在也是如此。所以當我跟你談話時，我希望你能坐在那張安樂椅中。我會對你說很多事，但是不是關於種花的事，因為你懂得比我多得多……」

「現在，某人將一粒蕃茄種子種在土裡，他便能感受到希望，這粒種子將長成一棵蕃茄樹，它所結出的果實將帶來滿足的感覺。種子吸收水分，因為雨水會為花朵及蕃茄樹帶來平靜、舒適及成長的喜悅。」

艾瑞克森全程看起來都像是在跟喬伊閒聊，事實上他不只在話語中透過數種句型，將復原的希望鑲嵌到各個段落裡。透過種子長大的隱喻，他也將療癒的種子撒在喬伊潛意識的土壤裡，等到這場會談結束後，喬伊立刻就答應要進行手術，因為他恢復了感受喜悅與舒適的能力。

活用動物的形象，能替隱喻催眠增添更多趣味

想要在催眠裡活用意象，除了各種大自然現象：風、雲、山、海、樹木、花草、日月星辰，動物也是很好使用的素材，像是緩慢而堅定的烏龜，以及靈巧敏捷的兔子，或是勇猛有力的獅子老虎，以及纖細溫柔的梅花鹿。

當我引導焦慮的當事人慢下來時，我可能會說：「做一個像是烏龜一樣緩慢的深呼吸……烏龜一步，一步，慢慢地前進，用穩定……而從容的方式前進，烏龜深深地吸氣……把溫暖的陽光都吸入身體裡。」

有別於傳統催眠直接從頭放鬆到腳，有時反而會激起過度焦慮者的恐慌，當注意力放在烏龜的意象時，當事人可以很自然地啟動跟平時不一樣的身體反應，同時藉由烏龜的習性，讓潛意識浮現出溫暖的感覺。

反過來說對於一些思考窄化、行動模式僵固的當事人，我可能會邀請他成為兔子：「讓我們一起在會談室裡當隻兔子，兔子蹦蹦跳跳，往東跳一點，再往西跳一點；想像我們一起站在草地上，往左跳一步，再一步，然後往前跳一步，再一步⋯⋯現在回頭看看你剛剛的想法，感覺如何？」

運用實際跳躍的動作，讓兔子意象搭配活潑的語氣，有些當事人會忍不住笑出來，原先固著的信念也悄悄鬆動了。這樣的催眠方式，遠比請當事人閉上眼睛放鬆再放鬆來得有趣多了，不是嗎？

打開繪本，開始學習意象的使用方式

學習善用大自然的意象，除了平常多觀察，繪本是個可愛的學習方式。《鱷魚愛上長頸鹿》是達妮拉．庫洛特（Daniela Kulot）所創作的系列繪本，一共有四集。當鱷魚跟長頸鹿決定搬進其中一方的家裡，這才發現甜美愛戀居然敵不過現實考驗，因為身高落差實在太大，不管住在誰家，除了很難坐在一起吃早餐，晚上也很難在同一張床上睡覺，甚至他們要一起晾個衣服，都非常不方便。

矮壯的鱷魚跟高高瘦瘦的長頸鹿，這兩種動物光是要能夠「遇見」該有多麼困難！畢竟鱷魚能夠仰望著暗戀的長頸鹿，可是長頸鹿卻需要把頭壓得低低的，才會看見鱷魚呀！

鱷魚跟長頸鹿的故事，隱喻著親密關係中伴侶間的差異與困擾，以及如何攜手化解衝突的過程。舉例來說，早餐的桌子可以放在二樓，讓鱷魚可以在二樓直接用矮凳舒服地享用餐點，又能跟站在一樓的長頸鹿深情相望，他們能夠都覺得舒適，卻又可以彼此相處。

看到這裡，你應該已經發現了，意象跟故事這兩個隱喻元素彼此相連。事實上，意象也跟詞彙這個元素有很密切的關係，我們馬上就會在下一節來討論這件事。

第2節

藏在日常對話裡的魔法咒語

催眠師是擅長使用語言的魔法師

對我來說，催眠是一種透過語言來陪伴當事人療癒的方式，然而催眠師使用的語言，跟一般生活中的交談方式略有不同。首先催眠師說的每句話，都是說給意識聽，同時也說給潛意識聽的。因此催眠師的語言不能完全用邏輯來理解，這也是為何只透過看書學習催眠，經常會學得四不像。因為資深催眠師說話不只會有特殊的節奏，還充滿大量的心靈意象，需要實際經驗後比較能體會。

我的一位學生很喜歡在請當事人閉上眼睛後，請他想像自己站在遼闊的草原上，感受雙腳踩在地上的踏實感，與微風涼爽的氣息，甚至是在深吸一口氣的時候，彷彿聞到青草的香味。他擅長使用草原、風、樹葉等大自然的意象，迅速引導當事人進入催眠裡。

另一個學生則很喜歡讓當事人開門，他總是習慣對當事人說：「等一下，你會看到眼前有一扇門，門後會通往另一個地方，現在，我要邀請你描述一下這扇門看起來是什麼樣子？」還有些學生特別喜歡使用光、天使或花園等意象。

無論是草原、門或是光，甚至是熱氣球、長廊、電梯、小徑……這些在催眠課本裡都叫做「場景深化」，目的是讓當事人可以更深地沉浸在催眠裡。因為當催眠師越能引導當事人在其中身歷其境，就越能引導當事人將注意力放在內在世界裡，覺察力也會因此而提升。

對傳統催眠師來說，這些深化手法主要都跟意象有關，因此懂得使用意象，將有助於引導當事人沉浸在催眠裡，深層探索他想處理的困擾。

在日常生活中，我們經常使用意象來跟彼此溝通

當催眠師能夠透過精緻的語言，引導當事人跟內在意象互動，便能完成一場深入而觸動的催眠療癒。有些人將這視為催眠師透過暗示效果替人下指令，害怕自己會被催眠師控制。事實上語言的暗示效果無處不在，平常我們總是仰賴著大量意象所帶來的暗示效果與人產生聯繫。

當我們感受到對伴侶滿滿的愛時，相對於簡單說出「我愛你」，懂撩的人可能會用深情的口吻說：「在餘生的道路上，我想要跟你好

好一起走下去。」有些老一輩的人，會將伴侶叫做牽手，似乎不無道理。走在同一條路上，既是伴侶牽手散步時的現實，亦是隱喻中的意象。

當我們因為跟某人之間的關係糾結而感到痛苦的時候，可能會脫口而出：「我覺得好心痛」，你不一定是真的心臟在痛，然而藉由這個意象，你不只描繪出心情低落的內在狀態，還進一步向聽的人傳遞出無形的身體痛覺，這亦是一種日常生活的表達習慣。

因此你可能注意到了，意象深藏在大量的日常對話中，我們甚至運用得渾然未覺。當你開始保持對意象的觀察，不只能增加對他人的同理能力，更能增添說話時的質感，帶給對方一種舒服而放鬆的感覺。如果你是催眠師，那就更有必要鍛鍊意象的使用技能了。

聽懂對方的心靈意象，你將能提供細膩陪伴

從榮格心理學來說，意象並非全然客觀的事物，而是我們與客觀事物之間的互動所產生的情感反應，因此意象之所以能帶來療癒效果，仰賴的不單單只是素材的挑選，而是我們能夠敏銳地從對方的訴說中，找尋對他有意義的意象。

小花（化名）來找我做對話式催眠，是因為想知道自己為什麼總是感情不順。她表示剛開始向姐妹淘傾訴時，大家都很同情她的遭遇，不過同樣的事情第三次發生後，姐妹淘們開始變得不耐煩了，「她們總是要我好好想清楚，但我就是無法自拔地陷進去。」

大多數來催眠的當事人，都跟小花一樣，在意識跟潛意識間出現矛盾，我認為意識很有功能，因為大多數的工作安排與執行，都需要頭腦的參與，然而大多數的生命課題都難以單靠理性意識解決。例如孩子不聽話、跟伴侶為了公婆而爭吵，或是覺得父母親偏心，這些都很難藉由頭腦的意識邏輯找到最佳方法。我身為催眠師的任務，就是聽懂表面語言之下，在潛意識裡藏著什麼樣的意象，那可能就是改變的關鍵。

小花理性的邏輯顯然派不上用場，她明知自己愛上不適合的男人，卻仍然難以離開對方身邊，如果只是繼續理性討論，想必無法有所進展。因此我決定請她用一個意象代表看得很清楚的那個聲音，再用另一個意象代表無法自拔的聲音，然後聽聽這兩個聲音究竟想說什麼。

看得很清楚的聲音穿著套裝，不耐煩地說：「那個男人超級糟糕的！」無法自拔的聲音卻縮在地上，顫抖著哭泣：「如果離開他，就不會有人愛我了！」前者不斷嘗試否定與警告小花的選擇，後者則充滿孤單與委屈，在過程裡小花開始清晰地看見，心中那股強烈的糾結，原來是因為害怕自己不值得被愛。

陪伴心中的小女孩重新長大，解開矛盾心結

小花形容無法自拔的聲音，很像是在心中住著缺愛的小女孩，我引導她關注這個意象帶來的身體感受，「覺得胸口悶悶的」，我請她將手放在那個悶悶的位置，允許任何跟這個感受有關的記憶浮現。

很快地她心中冒出兒時跟父親的互動，她一直渴望能夠獲得父親的認同，然而父親個性傳統，從未肯定她，也很少跟她有情感互動。兒時的小花非常孤單，總是渴望陪伴，一到青春期就將所有的渴望寄託於談戀愛這件事情上。

「可是我總是一直遇到只是想跟自己上床的男人……啊，我懂了，那個看得很清楚的自己，很像是我母親。」兒時記憶切換成小花被發現偷偷談戀愛時，母親嚴厲告誡她的場景，有時候母親氣起來，還會一邊動手教訓一邊數落她的不是。

我放慢速度對小花說：「所以我們看到一件好重要的事情，心中有個焦慮而暴躁的女人，總是怕我們受傷害，所以她告訴我們要睜大眼睛，要想得更清楚一點，要表現得更好一點……同時我們心中住著一個小女孩，她渴望被愛，希望不要只有自己被留下來。」

順著小花的內心矛盾，我們開始有機會看清楚，原來小花真正要做的，不是用腦袋阻止自己再談一場不適合的戀愛，而是好好看見原生家庭帶來的影響。在接下來的幾次催眠裡，我陪著小花開始照顧心中渴望被愛的小女孩，她發現自己仍然渴望談戀愛，需求卻沒有這麼急迫了。

有人說催眠過程很像是一場魔法，好像聽催眠師講講話就被療癒了。事實上並不是每次催眠都如同這本書中所收錄的改編案例一樣神奇。如果說催眠師跟一般人說話有什麼不同，我想就是催眠師擅長聽見「魔法咒語」，善用那些藏在對話裡的意象元素吧！

第3節

你所說出口的，都會帶來影響力

我們脫口而出的話語，都是帶有言靈的咒

在日本文化中有所謂的「言靈」一說，意思是語言具有靈魂。日本人甚至將我們脫口而出的話語視為咒語，或許你覺得這觀點有點誇張，然而我說話時確實非常小心，因為在日常對話中，語言的暗示力其實相當強烈，我想先用自己相當喜歡的動畫與你分享這個概念。

《XXXHolic》是 CLAMP 創作的知名漫畫，男主角四月一日跟魔女侑子有天去咖啡廳喝下午茶，咖啡廳由一對雙胞胎姐妹花擔任服務生，同卵雙生的她們外貌長得幾乎一模一樣，而且相當漂亮，可是姐妹個性完全不同。

姐姐氣質落落大方、談吐開朗，深受客人喜愛，妹妹則畏畏縮縮看起來笨手笨腳，老是在店裡惹些小麻煩。四月一日對於兩人的

差異感到不解，魔女侑子則請他仔細觀察姐妹間的對話，接下來他們觀察到一件很可怕的事情。

當妹妹不小心打破盤子時，姐姐立刻溫柔上前遞出手帕，包紮妹妹被瓷器碎片割傷的手指，口中還一面唸著：「唉呀，怎麼這麼不小心，這個讓我來就好了，妳趕快去休息吧！」妹妹小聲道歉：「對不起，我總是笨手笨腳的。」姐姐再次溫柔安慰：「沒關係，我知道妳只是比較笨拙，盤子還是由我來端就好。」

當姐姐開口安慰妹妹的瞬間，四月一日看見從姐姐口中吐出一條能量絲線，緊緊束縛住妹妹的手，妹妹甚至渾身顫抖失去原來的力氣。他這才明白妹妹並非天性懦弱，而是不斷被姐姐的言靈影響，最終變成畏縮又膽怯的模樣。

有時候我們想要陪伴，脫口而出的話卻帶給對方束縛

原來想要表達關心，反而造成負面影響的結果，在生活裡其實蠻常見的，在親子之間尤其常見。

當爸媽把正值青春期的阿虎（化名）送來接受催眠的時候，曾面露疑惑地跟我說：「平常有什麼事情都會請他提出來跟我們溝通，每

天都問他在學校過得怎麼樣，為什麼他還會得憂鬱症？一定是抗壓力太差了吧？」

然而當阿虎走進會談室，把門關起來之後，卻表示：「其實有時候我希望他們可以不用這麼關心我。……我知道他們很愛我，不過每天都要問我在學校怎麼樣、功課怎麼樣，然後只要我發生了一點小事，他們就緊張地叮嚀東叮嚀西，我覺得很煩！」

我嘗試翻譯這個煩躁背後的心情：「你是不是覺得自己其實有能力可以做好一些事情，用不著這樣把所有細節都一一交代清楚？你知道爸媽很愛你、很關心你，可是覺得他們好像也同時在說你沒有能力、可能會把事情搞砸？」阿虎聽完猛點頭。

不知道你發現了嗎？不管是漫畫中的姐姐，還是阿虎的爸媽，他們之間都有個共通點，那就是內心帶著愛，口中說出來的話卻像是「詛咒」。越是關心，被關心的人就感覺自己很弱小，這種無處可逃的情緒累積到最後，讓阿虎演變為憂鬱症。

我有時會建議來諮詢的家長，當孩子慢慢大了，可以適度給予空間，只要說一聲：「如果你有什麼需要談談的，都可以來找我們，我相信你！」並在孩子願意傾訴時，能夠暫時放下評價，用心聽懂他在說什麼，我們會更懂究竟發生什麼事。

意識與潛意識的衝突，讓我們難以言行一致

阿虎的爸媽之所以會把嘮叨當成了關心，或是把焦慮當成了愛的表現，我認為源自於世代傳遞，意思是阿虎的爸媽小時候可能被他們的爸媽嚴苛高壓地對待，因此潛意識裡會認為阿虎身為兒子，把事情做好是天經地義的事情。

然而在看過親職教養的書之後，他們逐漸在意識上認知到有更恰當的教養方式，因此期許自己可以做出與父母不同的行為。新的教養觀念跟過往實際接收到的親職對待，帶來意識與潛意識之間的分裂，如果無法覺察到自己內心的衝突，那麼學再多親職溝通技術，恐怕都很難真正奏效。

當父母帶著「如果沒提醒他，萬一他沒帶怎麼辦」的心情提醒孩子，孩子收到的就會是「我很沒有用，所以爸媽才要一直提醒我」。如果心態是「我信任他會為自己負起責任」，那麼孩子收到的便會是「爸媽對我有信心，我可以的！」。

在後來的諮詢裡，爸媽逐漸聽懂阿虎憂鬱的背後，其實是渴望當個成熟負責的人，卻總是感受到爸媽的不放心，親子互動逐漸改善，爸媽開始練習放手，阿虎則變得更願意向爸媽討教。

當爸媽的如果可以明白，在青少年的叛逆之下，其實是他希望自己有一天也能跟你一樣，獨立完成許多事情，成為有自主性的大人，或許你的心情也將會有所不一樣。這個心念一轉，說出來的話語必然會有所不同。

我認為親子溝通的重點並不只是說話的形式，而是當說話時能夠覺察自己的起心動念，對話才能內外一致。事實上這點不只適用於親子關係，同樣適用於伴侶關係與其他的人際互動。

覺察脫口而出的話語，可以讓詛咒變祝福

佛洛伊德曾說過：「就算他的唇齒緘默，指尖也會喋喋不休，每個毛孔都會洩漏他的祕密。」我對這句話的翻譯是，不只要聽一個人說什麼話，還要聽他怎麼說話。

在隱喻催眠裡，我將對話分成兩個層次：表層意識的內容，與潛意識裡真正想說的。當事人之所以會在親子、伴侶或同儕關係中出問題，經常不只是說話內容所導致，而是因為他不明白潛意識裡真正想表達什麼，對方也沒有能力聽懂，於是便在互動裡卡住。透過辨識詞彙背後真正想表達的意思，是關係鬆綁的開始。

在諮商與催眠的過程裡，我一部分的任務，就是解讀當事人的弦外之音，協助他們辨識潛意識層次真正想說的是什麼，並找到適合的表達方式，讓溝通變得內外一致，增進他們與旁人的溝通品質。

無論是《XXXHolic》裡的姐妹，或者是阿虎的爸媽，我想他們在溝通表達上，施加壓力並非本意，然而因為缺乏覺察，以致於本來想傳遞的關心與祝福，脫口而出後反而成為束縛或壓迫對方的詛咒。這是因為一旦失去覺察，就很難認知到意識與潛意識之間的分裂，進而一再地在對話時帶來反效果。

在隱喻催眠中，詞彙（words）就如同咒語，善用詞彙的力量，並覺察使用詞彙時的心態，便能在對話時深刻聽懂對方的話語，溫暖地將話語說到對方的心坎裡。

第4節

陪伴你走過生死的咒語，即是你的名字

瞭解自己被命名的故事，你會更深刻地認識自己

細數平常生活中我們最常使用到的詞彙，絕對非姓名莫屬。現代人通常還不只有身分證上的本名，還可能有綽號、公司使用的英文名、小名甚至是藝名。若從隱喻催眠的角度來檢視，我們可以從中發現許多有意義的事。

我曾經問過父母親替我取名字的由來，他們不僅根據台灣習俗去問算命先生，看看我命中五行配置如何，母親還獨排眾議要求中間的名字，不要按照家族慣例來取，因為這樣「很難聽」。

按照族譜來說，輪到我這輩的孩子，中間的名字應該都要叫「登」，所以我的堂哥姓名前兩個字都是一樣的，只有最後一個字不同。然而母親在諸多考量底下，決定將登改成「義」，這讓我的名字在家族裡成為獨特的存在。

聽完這段往事，我追問自己的名字有什麼含意。原來在爸媽心中，覺得正義感與善良是非常重要的，可是又怕我如果正直過了頭，會一天到晚得罪別人，所以取名為義平，可以有互相平衡的感覺。

電影《陰陽師：晴雅集》的開頭有句讓我印象深刻的話：「名字，是這世間最短的咒」，自從知道姓名的由來後，不確定是被父母親暗示了，還是就如同陰陽師所說的名字即咒語，我發現自己的人生不斷在正直與和諧間求平衡，或許我在潛意識裡始終渴望活出父母的期望吧！

姓名是出生那一刻起，陪伴我們一生的隱喻

在陰陽師的世界裡，萬物皆有其名，掌握了名字，等於掌握住對方的生死。咒不只是陰陽師控制式神的方式，也是所有恩怨糾葛產生的契機。生在現代的我們可能會覺得這只是奇幻世界裡的一個設定，其實在傳統文化裡，姓名確實蘊含著我們生命的本質。

舉例來說，台灣本土習俗中有「招魂」，尤其是如果亡者是遭逢巨大意外離世，有些人相信魂魄會因為不知道自己已經往生，需要透過道士招魂，才能引導其回到住家安息。

有些部族的印第安人也有出生後即用身體部位取代父母給予之本名的習俗，他們認為姓名具有神聖的力量，為了避免遭到法術攻擊或被下咒，因此要將自己真實的姓名隱藏好。

你發現了嗎？無論是奇幻文學或習俗，姓名就像是一個隱喻，承載了父母甚至家族對你的期待，又或者是你與這個世界的獨特聯繫，當你有意識地唸出自己的名字，便是在對自己進行有意義的自我催眠暗示。

改名真的可以改運嗎？你可能不小心就給自己下了暗示

既然名字隱喻著父母的期望，那麼如果我們自己跑去找算命師改名，會對自己的人生帶來什麼影響呢？我身旁大多數認識的朋友裡，之所以會想要改名，通常不外是想要改運，例如覺得父母親當初取的名字太菜市場，或是沒有用心思考，所以希望可以透過改名字來改掉原來的霉運。

改名確實有種「我想給自己第二次人生」的意味，正因為如此，我會想鼓勵你在做這件事情之前，先仔細思考一件事：「我是否在潛意識裡覺得，爸媽帶給我的人生版本很痛苦，所以我想藉由改名，跟家族保持距離？」

爸媽取的名字象徵你與家族的連結，當我們帶著對父母甚至是家族的怨恨，跑去找算命師改掉名字，希望透過斬斷跟家族之間的關係，來換取自己新的人生，這會形成強烈的負面自我暗示，可能會帶來不那麼正面的影響。

曹中瑋老師曾經在完形治療的課堂上，說過一句讓我永生難忘的話：「改變很弔詭，我們越是想要努力改變，往往就越感覺被困住。」這句話如果翻譯成催眠語言，我們可以這樣說：如果改變是建立在對自身或他人不滿的基礎上，那麼越是努力告訴自己要改變，就越有可能暗示著自己此刻有多糟糕。

因此我想邀請你在做出改名的決定前，先好好覺察自己的內心，以免替自己做了強烈的負面自我暗示。

覺察所有在你身上的名字，這些咒語也會在無形間影響你

有些名字可能是別人給你的，例如綽號或暱稱，有些暱稱具有正面欣賞的意義，例如萬事通、小當家，也有些暱稱乍聽之下很可愛，其實裡面有些負面暗示，像是傻妞或胖子，偶爾朋友之間開開玩笑無妨，可是如果這些綽號一直跟著我們，那就值得留心了！

別人賦予我們的綽號，承載著他們對我們的意念，這些意念不一定有惡意，卻仍可能帶來負面影響。如果說名字即是一種咒語，那麼當我們一直被叫呆瓜、母老虎或路痴，有可能在潛意識裡，還真會不自覺強化了這樣的特質。

那麼你可能會想問，如果是我們給自己取的「藝名」或是在靈性傳承中獲得的「靈性名字」呢？它們會替生活帶來什麼影響？有段時間我認識新朋友時都只使用幽樹這個名字，演講時也習慣請大家叫我幽樹，在某次療癒過程中，我意外發現原來只要不是本名，所有新得到的名字，都象徵著我們想要創造的自我認同。

當我開始減少使用本名，只用其他稱呼與這個世界打交道時，我便開始替自己裹上一層咒語的束縛。這些附加上來的認同如果太強烈，將會讓真正的「我」被埋沒起來，就像是在真實軀體穿上一層裝飾用的服裝，時間久了很容易誤以為這件衣服是我，卻對真正的身體越來越陌生。

從那個時候開始，我一定會先介紹自己的本名，才把藝名介紹出去，因為唯有接納完整的自己，才能真正啟動療癒的力量。父母親給我的名字即為天生自帶的本命咒，是唯一一道能陪伴我走過生死的咒，若一心只想用其他名字來取代，很容易形成虛假自我。

因此無論你這輩子獲得了多少個名字，如果你能跟本名打好關係，這便是愛自己的開始，而當你能藉由隱喻眼光重新獲得名字的意義，那麼你便能時時刻刻進入最佳的自我催眠暗示裡。

CHAPTER 04

我們的身體，是潛意識的神聖容器

第1節

身體是承載心靈的神聖容器

身體中藏有潛意識的密碼，看懂身體就能瞭解心靈

催眠的運作原理來自於潛意識，在前兩章我們已經藉由故事、詞彙跟意象的元素來探討許多潛意識的奧祕，然而你是否曾經想過，潛意識究竟位於哪裡？我想先跟你聊聊佛洛伊德的兩個臨床案例。

第一個案例是被馬車撞到的男子，他因為驚嚇過度而昏厥，醒來後發現自己無法正常走路。他原本認為是雙腳被馬車碾過造成自己無法行走，然而醫生檢查後，卻發現他雙腳生理機能完好，事發現場的目擊者也可以證明馬車並未碾過男子的腳。佛洛伊德催眠這名男子後，他的雙腳神奇地恢復行走功能。

第二個案例則是生理完全正常，卻出現進食障礙的女子，她便是後來被寫入文獻裡的安娜歐。她在催眠回溯裡，發現自己壓抑了一段不愉快的生理經驗，進而延伸出無法進食的症狀。

佛洛伊德與同年代的其他治療師如夏柯(Jean-Martin Charcot)、賈內(Pierre Janet)等人，在致力於研究這些生理正常卻無法執行身體功能的病人中，發現潛意識才是支配身體的主宰。如今在現代醫學中同樣發現身心會互相影響，例如長期無法排解的壓力容易造成心血管疾病或消化道問題，又或者是人際連結帶來的心理撫慰，可以有效舒緩憂鬱與焦慮，

換句話說，身體即是潛意識的具現化，在催眠中我除了會將身體症狀視為大腦及神經傳導路徑所導致的現象，也會看成是潛意識送來的隱喻線索，這便是隱喻催眠四元素中的身體元素(embodiment)。

身體症狀的隱喻，是潛意識傳來的摩斯密碼

國際催眠大師紀立根曾說過：症狀是潛意識與我們溝通的方式，除了憂鬱症、焦慮症等心理症狀，頭痛、胸悶、腸胃不適、失眠等生理症狀亦是如此。

小棉(化名)飽受失眠所苦，他經常翻來覆去一兩個小時才能入睡，最後索性徹夜追劇直到筋疲力盡才昏沉睡去，早上六點一到又努力睜開眼睛爬起來去上班。他只知道自己在睡前容易想東想西，卻不知道這股焦慮究竟是怎麼來的。

當我詢問他感覺焦慮時，身體哪個部位最有感覺？他很直覺地回答覺得胸口緊緊的，順著胸口緊縮的感受，我引導他進入深層覺察。恍惚間他回到了小學課堂上，他忘記帶課堂需要用的器材，只好打電話回家請母親送來，沒想到忙於店內生意的母親破口大罵他一頓。

小棉發現為了不增加母親的負擔，他從小學中年級開始變得非常自律，雖然這讓他表現優異，卻也因為過度擔心沒有注意到細節，這股長久累積的焦慮導致他從國中開始就睡不太好。

我邀請現在的他，在催眠中來到小學的自己身旁，溫柔陪伴這個焦慮不安的孩子，幾分鐘後，我看見他的呼吸速度放慢了，臉上也露出淡淡的笑容，他緩緩地說：「他的表情……看起來輕鬆很多，我抱著他，很高興可以互相作伴。」

無論是失眠頭痛還是憂鬱焦慮，通常都經過至少數年以上的漫長累積，才形成我們可明顯觀察到的身心症狀。有時候透過意識表層的諮商會談，只能暫時緩解，若能在催眠中與這份隱喻對話，往往能夠帶來更深層的改變。因為過去心中所受過的傷，即使意識遺忘了，身體卻始終記得。

有時候我們不需要知道症狀的意義，生活仍然可以得到改善

除了透過催眠引導找到身體症狀的原因，有時候即使我們不知道潛意識裡的成因，直接使用隱喻催眠中的身體技巧，也能帶來許多改善。

有焦慮症的小忻（化名）來找我做對話式催眠前，已經先後求助過塔羅占卜師、靈氣師跟許多不同派別的療癒師，並且蒐集到各種不同的答案。有些人告訴他這是前世業力所致，這輩子是來還債的，有些人則告訴他要學習寬恕與放下，更有些人告訴他童年受暴是靈魂的召喚，有他要學習的功課，這些答案都沒有辦法真正讓他的心獲得平安。

當他談到父親經常用木棍嚴厲地責打自己，打到他發誓乖乖聽話的往事時，我注意到他的左手不斷嘗試緊緊壓住右手，背部也有些僵硬。我詢問小忻的身體感受，他很快回答：「我覺得自己有點坐不住，這是正常的嗎？」

我沒有多做解釋，而是邀請他進行身體活動：「我們慢慢在這個會談室裡走一圈，過程中請你專注在腳底跟地板接觸的感覺，等一下當你坐下來的時候，再跟我分享身體有什麼變化。」接著我示意他站起來一塊走走。重新回到位置上的時候，他驚呼了一聲：「我覺得比剛剛好多了！」

接下來我請他在催眠中觀察不同的身體反應，每當出現胸悶、胃痛的症狀時，我邀請他將手放在這個身體部位，然後溫柔地對這個部位說：「我看見你了。」雖然我們始終不確定這些症狀代表的意義，然而光是承認並接受這些反應，不只潛意識裡的騷動逐漸平息，他的睡眠也逐漸改善。

我發現對於過於理智的當事人來說，有時直接採取身體行動的技巧，反而會有奇效。催眠並不一定只是探索症狀根源，也可以在不清楚原因的狀況下獲得改變，因為身體是潛意識的具現化，潛意識經常透過身體症狀與我們對話。

意識需要身體才能行動，身體需要意識才能存活

中國醫藥大學的榮格客座講師 Michelle，曾經在課堂裡提過，在印度的瑜伽修習中，並不如現代人只是當成運動或肌耐力訓練，而是透過呼吸、靜坐、冥想與體位來進行身心靈整合的練習。我身為榮格心理學愛好者，亦將這樣的觀點融入催眠中。

在瑜伽的觀點中，空有意志力卻沒有強韌的身體，相當於即使我們擁有許多好點子，卻沒辦法真正實踐出來，就像是榮格所說的永恆少年、永恆少女一樣，創意滿滿卻缺乏實踐。反過來說，當我

們陷溺在身體慾望裡，日復一日的物質上癮：美食、香菸、酒、咖啡、做愛的時候，心靈也無法獲得滿足。

我們需要有意識地覺察自己，才能讓身體獲得最好的保養，同時我們也需要懂得傾聽身體的訊息，才能及時調整自己的心理狀態，身心會互相影響。因此在對話式催眠中，基本上分成兩種路徑，一種是藉由意象（image）與故事（story）啟動潛意識心靈的療癒機制，進而調節身心狀態，另一種路徑則是直接從身體 (embodiment) 入手，藉由改變身體來調節內心。

身體是意識延展出來的神聖空間，在第四章裡我將陸續與你分享將身體視為隱喻所發展出來的催眠技巧。

第2節

透過覺察身體感受，與潛意識深度對話

透過身體引導心理，才能提供完整的陪伴

當代催眠流派歷經漫長的歷史演化，第一代催眠只重視潛意識，認為頭腦意識笨拙又無用，第二代催眠則認為意識及潛意識都同等重要。號稱第三代的催眠模式，則加入了身軀意識與場域，因為即使當事人能在催眠裡看見畫面，這仍可能源於頭腦刻意的創造，然而身體卻會直接與潛意識聯繫，其反應無法由意識控制，因而能夠啟動完整的身心療癒機制。

在心理治療的發展裡，許多治療師開始發現，即使當事人反覆談論創傷事件，也做了情緒宣洩與信念調整，似乎仍然沒有辦法脫離失眠、焦慮、記憶閃現、惡夢、情緒失控等症狀，這讓他們逐漸關注身體的奧祕。

我在隱喻催眠中，會視情況借用身體經驗創傷療法（Somatic Experiencing，簡稱 SE）的技巧，正是因為發現引導當事人閉上眼睛看見畫面，並不足以修復重大創傷帶來的影響，需要從身體層面提供輔助，才能提供完整陪伴。

一般人可能會認為需要經歷過戰爭、地震、性侵家暴等殘酷事件才會形成創傷，然而在歐美國家的實務研究中，早已發現童年遭到言語羞辱、情緒暴力、情感忽視或同儕霸凌等成長過程裡的持續受挫經驗，亦可能產生複雜性創傷後壓力症候群（CPTSD）。

在我的實務經驗裡，遭遇 CPTSD 的創傷倖存者，可能會有下列這些反應：

1．持續存在的生理症狀，例如長期失眠、頭痛、過敏、免疫系統疾病等等。
2．長期存在人際與情緒困擾，像是過度討好他人、完美主義帶來的焦慮感、強烈缺乏信心、很難信任別人，或是反覆在人際與戀愛婚姻中受挫等。
3．被醫生診斷為憂鬱症、焦慮症、恐慌症，或是具有解離性人格、邊緣性人格等情況。

我想先向你強調，擁有上述反應並不一定意味著有創傷，然而在實務研究中，創傷與上述反應之間具有高度相關，接下來我會以幾個實務案例進一步說明創傷 4F 的內涵。

看懂創傷4F，你將能夠貼近莫名其妙的情緒

SE創始人彼得・列文（Peter Levine）指出，受到創傷的人可能會有戰（fight）、逃（flight）與僵（freeze）三種反應，《第一本複雜性創傷後壓力症候群自我療癒聖經》的作者彼得沃克（Pete Walker）則加上討好（fawn）這個人際模式，合稱創傷4F。

在本章第一節裡的小棉即是處在創傷的戰鬥反應中，他從小養成事先偵測可能遇到的危險與困難，並且迅速找到解決方式的求生本能。可是當生活中有越來越多不可控制的困難與壓力產生時，他的大腦就因為無法關閉警報系統，進而有嚴重的失眠問題。因此我引導他從身體感受進入童年回憶來陪伴自己，關閉戰鬥反應。

小忻的坐立難安則跟逃跑反應有關，小忻之所以會一直感到坐立難安，除了父親總是嚴厲責罰自己，國中時母親為了父親外遇的事情，經常氣到歇斯底里地咆哮，無助的小忻只好躲在自己的房間裡發抖，祈禱父母可以早點平息戰火。長大後每當他焦慮的時候，便會有股衝動想要逃離現場，因此我引導他完成身體所需要的逃跑反應，疏通堵塞的神經傳導路徑。

在本章第三節中的小碧則是僵模式，俗稱解離反應。母親長年患有憂鬱症，父親又忙於工作，小時候他都是自己拿印章替聯絡簿蓋章，甚至有時候回到家也沒有晚餐可以吃，這讓他在遇到困難或

不愉快的情況時，習慣壓抑自己的感覺，把自己變得像是機器人一樣。除此之外，他會過度討好他人，以避免對方因為發怒而拋棄自己。

戰、逃、僵與討好雖然被稱為創傷 4F，但這並不表示這些反應是有問題或生病了，大多數人在壓力超過可容忍的程度時，都有可能大吼大叫、失眠、急於討好對方或嚇得動彈不得，這都是正常現象，只有當你每次都用這種方式來處理情緒壓力時，才會造成問題。

身體潛意識加上頭腦意識，將能開啟療癒通道

小吳（化名）跟母親之間長年存在著心結，他覺得自己已經三十歲了，母親還是把他當成小孩子，甚至干涉他教養孩子的方式。當他請母親別再插手，兩人就會大吵起來，他不希望把氣氛弄糟，只好告訴自己要忍耐，沒想到後來恐慌症發作，從此母親的嘮叨與叮嚀就又更多了。

小吳其實很在意母親，身為單親家庭的獨子，他是母親一手辛苦養大的，所以他心中經常出現兩個矛盾的聲音。一個聲音希望母親可以對自己放心，並對母親感到煩躁，另一個聲音則對自己的情緒跟反應感到愧疚，他覺得自己應該要能心平氣和地回應，而不是經常在家中暴走。

我注意到每當提起母親的嘮叨時，小吳都會不由自主地握緊拳頭，於是我請他有意識地把拳頭握得更緊一點，看看心中自然浮現出什麼樣的畫面。他表示內在浮現出拳擊手的模樣，我請他直接用身體擺出拳擊手的姿勢，他卻露出猶豫的表情。「我感覺有一股怒火從腹部延燒上來，胸口卻悶悶的，好像是怕這樣做，會傷害到我媽。」

我點點頭：「聽起來，有一部分的你想要好好表達自己，有一部分的你則害怕這個表達會傷害到你的母親，對嗎？在這裡只有我們，而且我會陪著你進行這個過程，你願意嘗試看看嗎？」我看到他臉部肌肉稍微放鬆了一點，於是我繼續引導他專注在握拳與出拳的動作上，很快地他想起八歲時的童年經驗。

當時父親有外遇，每次喝完酒醉醺醺地回家，就會對母親大小聲，甚至有幾次還會動手打人。母親在小吳八歲的時候離婚，獨自一人將他養大。他很心疼母親為自己犧牲青春歲月，可是好像不管他怎麼努力，母親都不滿意，總是批評他哪裡沒做好，時間一久，他開始對母親感到憤怒。

所有的症狀，都是一種讓我們付出過多代價的保護機制

當小吳訴說對母親的憤怒時，我刻意放慢說話速度：「我聽到你在說的是，我好挫折。」我觀察到他的拳頭慢慢鬆開，語氣也變得微弱：「我真的很想做好，可是無論我怎麼做，都沒辦法讓她滿意。」

「當我們生氣的時候，其實是在說，我希望你可以肯定我，可是你總是對我不滿意，我只好用憤怒來保護好自己。」我看到他臉上表情似乎又更放鬆了，於是繼續說：「不知道你發現了嗎？憤怒很有力量，憤怒讓我們避免受到傷害，同時也付出很大的代價，因為這讓我們跟媽媽起衝突，而這並不是你所期待的。」

當小吳逐漸明白自己與母親的衝突，底下有好多複雜的心情：憤怒、挫折、無力、捨不得……他開始一層一層地透過身體感受覺察自己，並從中發展新的互動模式。經過半年的探索歷程後，他發現自己比較不容易被母親激怒，跟妻子與孩子的關係也變好了。

其實不只是憤怒，焦慮、恐懼、憂鬱、工作狂、香菸成癮、情緒性進食等症狀，都是潛意識為了保護我們所做出的努力，只是這份努力太過頭了，讓我們承受相當大的代價。因此從現在開始，或許我們可以每天花點時間，觀察一下身體有哪些感受，在這些緊繃、痠痛或鬱悶中，全都藏有值得探索的訊息。

第3節

你不必開口說話，就已經透露出一切

細微地調整身體姿勢，我們也正悄悄地改變內心

我常提醒學生們：「催眠不是從當事人閉上眼睛那一刻才開始，從他們跟你見面的第一秒算起，催眠就已經開始了。」在會談室裡，有些人會把背部緊緊靠在椅背上，好像要遠離些什麼似的，有些人會整個「陷」進沙發椅裡，有些人則是挺直身子，只坐滿椅子前緣三分之一左右，這些身體姿勢都反應了他們的內心狀態。

小碧（化名）因為在婚姻中感到悶悶不樂，跟公司主管發展出婚外情，為了斬斷對主管的情絲，於是尋求催眠協助。她一坐下來就用 15 分鐘陳述了自己在感情上的掙扎，我卻逐漸感覺昏昏欲睡。由於在催眠前我都還精神抖擻地閱讀著心理學書籍，因此我知道這並非單純的身體疲倦，而是潛意識正傳來重要資訊。我開始觀察小碧的非語言訊息，看看能否找到一些線索。

我發現小碧雖然不斷表示希望早點跟主管切割乾淨，好能回歸家庭並將重心放在養育孩子上，然而她一直跟我缺乏眼神接觸，而且靠著椅背的身體相當僵硬，音調平板而缺乏起伏，很像是在舞台上唱獨腳戲的演員。

於是我請她嘗試看著我，並且觀察身體坐在椅子上的感受，她才發現自己的肩頸非常痠痛，我說：「這好像也反映出妳心中的酸與痛。」於是她開始談起在婚姻中長期忍受與伴侶無話可說的痛苦，以及跟婆婆間的衝突。於是我們慢慢發現，在婚姻中她只能隔絕自己的感受，才能繼續堅持身為妻子與母親的義務，而外遇是想感受情感滋潤時，潛意識裡找到的一條出路。

當她開始嘗試在椅子上坐得舒適一點之後，忽然間有感而發：「原來我有好長一段時間，都不允許自己快樂了。」於是我們開始有機會進一步去探索，在外遇過程中她究竟滿足了什麼樣的需求，我們可以如何找到更有建設性的方式，來滿足這些內在需要。只是一個輕微的動作變化，就能帶來深刻的覺察，這是很有意思的事情，不是嗎？

比起我們嘴巴上說的，身體的反應往往更加誠實

我經常會在催眠的過程中，看見當事人訴說著對愛情的渴望，身體卻呈現雙手抱胸的封閉性姿勢，又或者是當他說自己很放鬆沒有什麼感覺的時候，肩膀卻是聳起來的。當他們對自己的身體反應缺乏覺察時，探索歷程經常會在這裡卡住，這可能是因為他們習慣用沒有感受來防禦痛苦，此時我會採取不同的引導策略。

我會緩緩地跟當事人說：「你的思考屬於意識層次，身體反應則屬於潛意識，意識可以很好地掌握我們的安全感，同時佛洛伊德早已說過，潛意識比意識更聰明。所以從現在開始，我們可以更細膩地感受自己的身體，潛意識會藉由身體反應來傳遞心靈訊息。」

這段引導結合詞彙跟身體兩大元素，薩德博士稱之為解離語法，用意是把原先完全用來壓抑的注意力拆成兩部分，一部分允許腦袋進行必要控制，好讓另一部分的注意力可以觀照身體變化。接著我會請當事人先感受自己身體哪個部分最為緊繃，然後請他們活動一下身體，重新感受自己的變化，引導他們覺察自己的想法。

對於太習慣理性思考的當事人，或是嘴巴上所說的跟實際上所做截然不同的人，我會這樣從認知邏輯轉向身體觀察，從身體層次連接潛意識，最後再回到認知層次的討論。反覆循環數次，循序漸進地陪伴當事人有所改變。

當你陷入頭腦的掙扎時，身體早已做出選擇

除了上述的方式外，我還有另外一套俗稱雙手技巧的模式。來找我進行對話式催眠的當事人，經常都面臨兩難抉擇的矛盾，例如該留在婚姻裡還是選擇離婚，或是該勇於追求夢想還是留在現在的安穩職位上，雙手技巧可以協助他們辨識內心真正的想法。

美子（化名）在催眠會談時提出她最近遇到的兩難抉擇，在公司裡有個男同事主動示好，理智上她知道這名男士並不是個適合交往的對象，然而感情上又很被吸引，她不知道該怎麼辦才好。

在談了大概半小時之後，我發現再怎麼討論似乎都沒辦法引導美子有進一步的覺察，於是我請她用一隻手代表跟男同事交往，另一隻手則代表與對方保持距離，然後閉上眼睛舉起雙手，允許潛意識自然帶領，讓代表適合選擇的那隻手慢慢往下沉。

在幾次深呼吸後，代表保持距離的右手開始自然下沉，「看起來妳的潛意識知道什麼是最好的安排，而我關心的是妳現在感覺如何？」即使答案明確，美子仍然感到理性與感性間的衝突。雖然受限於時間，我在下一次催眠時才能運用回溯技巧協助她解開糾結，然而至少在當次催眠裡，她很清楚知道自己應該跟那名男士保持禮貌距離。

眼睛是靈魂之窗，眼神反映出你的心理狀態

在身體元素 (embodiment) 裡，靠得並不單純是肉體而已，我還會以眼神線索的輔助，理解當事人的內在狀態，這作法聽起來抽象，卻是我們每天都不自覺在做的事情。

舉例來說，當你發現同事眼神紅潤、眼睛明亮而且腳步輕快地走進辦公室時，可能會不自覺地開玩笑說：「最近談戀愛了喔？」即使他不是真的戀愛了，通常也是今天有什麼好事情發生，這是因為當我們心情愉悅時，眼神往往會明亮起來。

又或者你是公司主管，當把事情交代給下屬時，如果他的聲音鏗鏘有力，而且眼神堅定，那你可能會在心中暗自感到放心。相反地如果他的回應有些虛弱，眼神還左右飄移，那你可能會立刻猜到他心中恐怕不大有把握將事情辦好。

當我在見到當事人的瞬間，會很直覺地從眼神來感受他今天的狀態，有些人的眼球快速顫動，搭配著略為高昂的語氣，我會推論他今天可能很焦慮；有些人眼神明亮地走入會談室，我會感覺到他心情不錯，而且對催眠有很正面的期待。這些都會成為我進行催眠時的線索。

在催眠即將步入尾聲時，我會再次留心當事人的眼神變化，一來我要確認他的意識完全清醒，能夠安全地離開會談場所，二來我也會將這些觀察放在心中，作為專業評估的參考線索。

如果他眼神堅定而明亮，可以確定這次的探索歷程是順利的；如果眼神飄移，語氣遲疑，即使口頭上說「感覺很好」，我還是會在寫反思記錄時，檢視自己是否遺漏了什麼，以致於沒有完全回應到當事人的需求。

我想你應該已經發現了，一場深度而有效果的催眠，看起來輕巧不花力氣，好像只是動動嘴巴。事實上催眠師需要全神專注在當事人身上，不只要聽懂對方說的話，還要觀察身體反應，在下一節裡，我還會與你分享身體元素中的精微訊息！

第4節

聲音如同指紋，顯示出我們真實的性格

用不同的語氣對自己說話，你將替自己開啟不同的變化

如同身體姿勢暗示著我們的內心狀態，聲音同樣也是隱喻的一環，而且比起說話內容，說話時的語氣、速度跟抑揚頓挫，都會更直接地影響我們的感受。

明緣（化名）習慣自我否定，他不只會刻意討好伴侶跟父母，甚至習慣刻意討好自己的孩子，只要孩子一不高興，他就會立刻道歉。我邀請他覺察在衝突中，心中會浮現什麼樣的聲音，他很快感受到有個聲音在對他說：「我不可以這麼自私。」

為了協助他從身體感受來調整心理狀態，我請他先對自己說一聲：「我可以」，並且觀察身體變化，初次嘗試後他表示：「我覺得心情輕鬆了一點，可是喉嚨有一點緊。」我請他放慢速度並且降低音量再說一次，這一次他感覺好多了，於是我請他輕輕閉上眼睛，再對自己說一次「我可以」，這次好像又更輕鬆了一點。

在接下來的 20 分鐘裡，我邀請他用老人的聲音、用孩子的聲音、用嚴肅、活潑、強壯男人、純情少女、卡通人物，甚至是螞蟻跟獅子的聲音……用各式各樣的聲音說出「我可以」這三個字。

在這過程中，明緣的語氣隨著不同角色身分切換，有了明顯改變，隨著他不斷用各式各樣的聲音說出「我可以」，臉上的表情也開始放鬆下來。當他睜開眼睛的時候，發現自己的身體變得穩定許多，心情也平復下來。當他再次想起要對伴侶與孩子說話的時候，覺得更能堅定自己的立場了。

陪伴明緣的這個催眠技巧聽來很不可思議，這是把聲音也當成身體隱喻線索的一種作法，說話語氣不只會牽動神經迴路變化，更會改變我們內心的狀態。透過轉變聲音來改變自身情緒，並非催眠師獨有的技術，許多聲音教練也會藉由類似的方法，引導學員觀察與改變自己的身心反應。

說話的聲音，顯示出我們是什麼樣的人

我曾經替知名聲音教練魏世芬老師主持過一場講座，世芬老師特別從身心靈的角度來談聲音表達技巧，他認為每個人都有與生俱來的聲音質地，因此學習聲音表達，便是藉由觀察與調整說話方式，不只讓自己說起來舒服，對方聽了也舒服。

世芬老師提到我們的身體記載了在生活中累積已久的情緒，聲音則是我們回應世界的方式，例如有位學生說話時很習慣回答：「我知道了」、「好的」、「嗯」，音調扁平而壓縮，句子短而急促，聽起來給人撞到一堵牆似的感受，相當有距離感。

某次對談時，老師才發現這個學生成長在情感緊密的家庭裡，家人很習慣跨越界線想要插手生活上大大小小的事情，以致於這個學生下意識地用這種短而急促的說話方式，來將家人阻擋在外。

我在催眠實務中也常發現，有些當事人說起話來輕飄飄的，聲音尖細猶如氣音，甚至走起路來腳跟也不太著地。這樣的說話方式，反映出他們在原生家庭裡曾經遭受到巨大傷害，以致於潛意識裡很怕落地，需要用像是仙人仙女飄逸般的方式來遠離痛苦。這時候透過調整身體姿勢與說話方式，會對他們帶來很大的幫助。

調整自己的說話方式，就能踏出改變的第一步

除了透過觀察平常說話時的語氣與速度，來瞭解自己的內心狀態，更可以藉由有意識地調整說話方式，來改變內在的心理狀態，以及日常的人際關係。在對話式催眠中，有時候我會誇大當事人原來說話時的語氣，讓他經驗到對方聽在耳裡的感受是什麼，進而做出改變。

小茹（化名）因為跟伴侶對關係親密需求的程度不同，經常發生冷戰，每次冷戰就是一兩週，他覺得在溝通上倍感挫折。我聽完後模仿他對伴侶說話的口吻：「你都不花時間跟我說話！」，並且在「你都不」這三個字上加重語氣，他聽完立刻笑了出來：「我好像一副要找他吵架的樣子！」

順著這份覺察，我進一步回應小茹：「聽起來你很習慣在想要跟伴侶靠近的時候用力說話，所以雖然你可能希望對方可以多陪陪自己，可是伴侶聽到的卻是你的抱怨跟憤怒，以前有人也是用這種方式對你說話嗎？」

聽完我這麼說，小茹忽然紅了眼眶，原來在他的原生家庭中，爸媽經常吵架，當年幼的他央求爸媽和好的時候，爸媽反而提高音量要他閉嘴，並且表示他們只是在「溝通」。於是小小年紀的他，在潛意識裡烙印了說話一定要大聲才會有效果的印象，每當有內心話想對伴侶說的時候，都會不自覺地提高音量，其實他只是希望伴侶可以多關心自己而已。

帶著新的覺察，我邀請小茹先做一個深呼吸，把手放在胸口中央陪伴自己，然後重新想像伴侶在眼前時，會如何開口。他很自然地放慢速度，語氣也變得更溫柔了：「我需要你陪陪我，我想跟你說說話……」我用相同語氣複述給他聽，他眼神亮了起來：「如果我是他，會比較願意坐下來好好聊聊耶！」

有意識地好好說話，就能把話好好地說

看到這裡你可能會開始好奇，我們要如何有意識地覺察與改變說話的方式？我通常會採用內外兩種不同方法來引導當事人覺察。

像是當小茹意識到自己總是用咄咄逼人的方式想要靠近伴侶之後，我進一步邀請他感受：「你期待自己帶著什麼狀態，來與伴侶親近？」「我希望是放鬆的，其實我們剛交往的那一兩年裡，關係蠻好的，每次在一起的時候都很開心。」

我邀請他調整一下呼吸，感受自己放鬆下來的時候，身體有什麼樣的感覺，甚至當他感覺到開心的時候，臉部肌肉會有什麼變化，然後帶著這種狀態再說一次。這次他不僅聲音柔軟許多，說出來的話也從「你都不花時間跟我說話！」變成「我需要你陪陪我，我想跟你說說話……」，這是由內而外的調整方式。

魏世芬老師則是透過由外而內的方法來引導學員調整，例如對於憂鬱退縮的人來說，刻意抬頭挺胸說話，就能讓聲音變得比較有朝氣，這是因為胸腔擴張，能夠讓身體充滿更多空氣。如果是習慣用氣音說話的人，則可以透過運動強健身體，讓聲音可以從腹部與身體深處共振出來。當我們的身體狀態改變了，即使說話的內容沒有變化，音調跟語氣也會自然有所改變。

由內而外的方式將重點先放在對理想的心理狀態命名，並透過催眠引導回溯相對應的身心感受。由外而內的方法則是先教導當事人瞭解身體構造，做出調整後再來覺察內心變化。兩種方法都很好用，端視催眠師的特長與當事人的特質而定。

聲音是內心的指紋，揭露出我們從小到大一路成長的軌跡，因此富有經驗的催眠師往往會刻意培養自己的聲音運用，好強化技巧能帶來的幫助，而在下一章中，我將會進一步與你分享四種深化隱喻學習的路徑。

CHAPTER 05

啟動隱喻學習的四種途徑

第1節

夢，是我們夜晚的隱喻國度

夢是通往潛意識的重要渠道

我認為學習隱喻並非只是學習說故事，不是每個人天生都是說故事好手。因此我經常跟學生說，善用隱喻的先決條件，是要懂得在生活裡找到最平凡簡單的練習機會。夢就是其中一項完全免費又容易取得的素材。

在榮格分析師羅伯特・強森的《與內在對話：夢境・積極想像・自我轉化》中，他提到夢境與積極想像是通往潛意識的兩大渠道，並且具有三項共通點：

1・都與潛意識密切相關。

2・皆以意象跟隱喻的方式呈現。

3・都需要藉由內在對話來進一步探索，才能產生意義。

差別在於夢境是在沉睡時發生的，積極想像則在清醒時進行。因此我們可以說，夢境是沉睡的積極想像，積極想像是清醒時的夢境，而榮格的積極想像法又與催眠有諸多相似之處。

民間的周公解夢提供了一套公式，例如蛇象徵著性，夢到掉牙齒表示你會與人發生爭執。榮格分析師的解夢方式很不一樣，他們認為夢是「活生生」的，因此具有什麼樣的意義，除了分析師的詮釋，也仰賴著當事人的解讀。

我的對話式催眠也解夢，而且有三種不同的模式，其中一種就與羅伯特・強森相仿：藉由與夢中人物對話，去探索夢境意義。

每個夢境中的人物，都是你內心的化身

當事人總是會有各式各樣的夢，其中一種夢很特別，就是夢見在現實生活中認識的人，例如父母親、女朋友，甚至是老闆與同事。當事人總是會緊張兮兮地問我：「心理師，這個夢有什麼意義嗎？」

我通常會先讓他們放心，大多數時候夢到熟識的人，可能是潛意識認為，用這種形象來跟我們溝通會是比較容易的方式。為了深入探索這些夢境，我會引導當事人演出這些夢中的角色，好從情緒與身體線索中，瞭解潛意識可能想說些什麼。

小竹（化名）有次剛坐下來便皺眉地告訴我：「昨天夢見前男友，在夢裡我們兩個還在一起，他說我傷害了他的感情，所以要跟

我分手。」當初是抓到前男友劈腿，小竹才選擇提出分手，這個夢讓她擔心是因為自己做錯了什麼事情，才讓前男友選擇劈腿。

我先請她憑直覺把夢境中的前男友「召喚」到會談室裡，然後請她對這個前男友說：「所以你想對我說的是什麼？」接著移動到前男友的位置上，做出他夢中的姿勢與動作，聆聽方才自己說的那句話。

小竹站在前男友的位置上，皺著眉頭說：「好奇怪，感覺有些悲傷，就好像自己在對方眼中微不足道，不管怎麼做，對方都不肯看自己一眼……」我請她回到座位上：「聽起來，妳的潛意識裡好像有個部分在說，請妳看看我，我在這裡，請看看我……不知道當我這麼說時，妳感覺到了什麼？」

小竹閉上眼睛沉思了幾秒鐘：「我最近認識了一個新對象，內心隱隱地覺得對方好像不太誠懇，可是我總是會告訴自己想太多了，告訴自己他只是太忙，才會忽冷忽熱。」她發現前男友可能象徵著面對約會對象時的自己。

小竹在催眠裡進一步去跟前男友的意象對話，釐清她對約會對象的真實感受是什麼。她也開始重新連結內在感受，好看看自己是否真的適合與新認識的約會對象交往。

透過夢境中的感受，我們可以快速連結現實與夢的世界

我在催眠解夢的第二種作法，是藉由夢境裡較為明顯的情緒，去連結現實生活中的事件，有時候為了協助當事人在催眠以外的時候，也能長出自我探索的能力，我會使用這種方法，教導他們逐漸學會基本的夢境解讀技能。

小櫻（化名）長年旅居海外，對世界各地的神話故事都有濃厚興趣，所以她常會以神話角度自我詮釋夢境，我覺得她的詮釋都非常精彩，甚至也能直指困境的核心。然而她過度運用理智邏輯面對生活的態度，恰好正是造成婚姻與職場困難的主因。在人際關係裡有些事情不能只談道理，情感需求也是需要被關注的焦點。

有一次，小櫻說了一個在大海上隻身航行的夢，讓她想起《奧德賽》這部史詩，我引導她從神話內容轉向情緒：「當妳告訴我這個夢的時候，有什麼感受呢？」她說心情悶悶的，胸口好像堵了一塊什麼，於是我邀起她閉上眼睛，替自己打開安全的內在空間，然後專注感受那種心悶悶、胸口堵堵的感受，看看潛意識中浮現出什麼？

小櫻回憶起自己小時候跟外婆住在鄉下，是那種很傳統的三合院，有時候從午覺中醒來後，大家都出去了。獨自一人在那個廣大卻空蕩蕩的房子裡，她經常感到孤單，有時也會害怕，卻不敢跟大人說，因為她知道大人都是為了工作賺錢才外出的。

「原來，這個夢是想告訴我，最近有點孤單，要我好好陪陪自己。」小櫻這麼說的時候，我看見她眼眶紅紅的。自己一個人在國外，又因為工作緣故要到遠方的陌生城市，雖然能力絕對綽綽有餘，但夢境卻輕輕地邀請她，看見自己內心的孤單。

小櫻發現好像需要讓自己的生活步調放慢一點，還發現之前在職場上跟同事間的衝突，就在於她總是焦慮地催促其他同事，按照自己期待的速度做事情，連帶讓團隊氣氛變得很不愉快，「我發現自己真的太忽略內心感受了，以前會覺得情緒很礙事，現在才發現情緒其實很有意義。」

直接進入夢境，能從冒險中找到內心資源

最後一種催眠解夢的方式與完形治療相似，完形治療師會讓當事人直接布置夢中場景，扮演不同角色。因為完形治療認為夢中所有出現的人事物，都是當事人內心的一部分，催眠則更加方便，直接回到夢中場景去探索。

進入夢境有幾種方式，例如引導當事人回到夢境剛開始的地方，重新完整經歷夢中發生的一切。在重新經驗的時候，當事人可能會注意到一些不同的細節，甚至可以延續夢中的對話，藉由把夢

境當成完整而真實的世界對待，我們可以得到許多邏輯思考無法找到的線索。

另一種方式則是先請當事人描述印象最深刻的片段，然後直接進入這個夢中場景。這有點像是我們追劇的時候，有時會想直接快轉到精華片段，好好沉浸與品味。

事實上催眠解夢還有許多種方式，例如挑選三個印象最深刻的場景，透過對話引導當事人針對這三個場景自由聯想，然後從聯想到的事物中，進一步去發掘這些夢想跟當事人對話的是什麼。

無論是哪一種方式，相信你都已經發現了，你才是自身夢境的主人，催眠師的任務是運用各種能夠身歷其境的方式，陪著你一一解讀這些線索。在偵察夢境的隱喻線索時，催眠師只是助手華生，你才是福爾摩斯。

第2節

用心靈牌卡翻轉你的世界

當牌卡遇到隱喻催眠，將能碰撞出全新火花

除了透過鍛鍊夢境解讀的能力來學習隱喻，如果你對心靈牌卡有興趣的話，這也是一個練習隱喻使用的絕佳素材。在我的定義中，凡是可以用來自我探索的牌卡，都可視為心靈牌卡，像是天使卡、獨角獸卡、OH 卡、紅花卡、彩虹卡，甚至是 Dixit 說書人牌卡。

尤其是塔羅牌、心靈原型卡這類的深度牌卡，不僅適合與催眠結合，保持日常練習更能培養你對隱喻的敏感度。因為這兩副牌卡不僅充滿象徵意象，也都與神話故事有密切關連。

在我所寫的《透視心靈原型卡》一書中便曾提及，我常會邀請學員「進入」原型卡裡，成為圖像中的人物角色，運用這個人的眼睛去看、透過這個人的耳朵去聽，感受自己將會採取什麼行動。這種引導往往會帶出意想不到的發展，豐富諮詢的過程。

詳細作法我將於這一節後續詳細描述，在此之前我想先打破你對心靈牌卡的迷思。在傳統命理占卜的領域中，占卜師擁有對牌卡的絕對解釋權力，因為他花很多時間研讀與牌面有關的專業知識，因而被問卜者視為專家。然而對我來說，當事人才是他自己生命的專家，因此我會以三種不同的方式，運用這些專業知識，引導與陪伴當事人使用牌卡與潛意識對話。

透過三個形容詞，迅速牽起你與牌面的連結

雖然不是每個來參加工作坊的學員都學過塔羅牌或原型卡，不一定清楚牌面的意義，但我還是很喜歡把這兩套牌卡當成工具。除了能夠迅速挑起學員潛意識裡的情感，以榮格心理學來說，充滿象徵意涵的圖像本身就具有引發催眠現象的功能，加上我慣用英語版本，更能有效避免學員直接從字面解釋，限縮探索的空間。

如果是在暖身活動裡，我會先請學員憑感覺挑一張牌卡，然後把英文字蓋住，在快速掃視完牌面圖案後，給予這張牌一到三個形容詞，例如陰暗、輕盈、夢幻、閃閃發光……等等，並在筆記本裡把這些形容詞寫下來。

接著我會邀請學員想想，這幾個形容詞跟自己的關係是什麼，如果抽牌前沒有特別設定主題，我會請學員想想這些形容詞跟最近

的生活有什麼關係，如果抽牌前有具體想知道的提問，像是「挑一張代表理想戀情的塔羅牌」，我會請學員感受一下，這三個形容詞與自己的愛情有什麼關係？或許反映的是個人特質，也可能是挑伴侶的條件，也或許是對感情的期待。

這種作法不再拘泥於牌卡本身的意義，因此我不一定會現場替學員進行解讀。相反地我們把塔羅牌看成一種隱喻，帶著好奇心像是拆禮物一樣，一點一滴打開這層隱喻的外衣，深入探索潛意識想對我們說的話，這遠比我一一解讀後，學員只是驚呼「好準」來得有趣多了。而且這種作法還能邀請學員之間互相分享自己的投射，擴大並豐富牌卡的意義。

融入雕塑技巧，用你的身體直接接受訊息

前述作法運用隱喻四元素中的意象多一些，接下來這個作法則融入了身體元素，讓使用者可以親身體會潛意識想藉由牌卡表達的訊息。

舉例來說，在心靈原型卡裡有一張名為上癮者的牌卡，牌面上是一個黑衣紅褲的男子，正伸出雙手推著眼前的一道海浪。若要從字面上解釋，多數時候諮詢師會詢問當事人生活中是否有什麼成癮行為，正對自己造成困擾。

然而當我請學員站起來，想像自己眼前有一道從地板升起的大浪捲來，然後努力伸直雙手往前推的時候，有的學員會說：「覺得手好痠」，有的學員會感覺沮喪：「我根本推不動，覺得這招沒有用」，也有的學員會說：「感覺很有趣，好像在跟浪花玩耍」。

這種立即從身體肌肉的知覺浮現出來的體感，往往會牽動更底層的情緒，而我們就能順著這個情緒，展開各式各樣的探索。甚至有些牌面可能會同時出現好幾個人，例如偉特塔羅的金幣三，便有三個人的組合，當一個人扮演工匠，一個擔任設計師，另一個人扮演監督者時，三個人七嘴八舌地討論，立刻就能讓工作坊的氣氛活絡起來。

這種作法也很接近上一節提到的完形治療，透過直接還原牌面裡的場景跟人物關係，我們能更直觀地接收身體感受傳遞的情感資訊，再藉由這些資訊去進一步產出詮釋。由於塔羅牌跟原型卡的圖像設計大多具有象徵意涵，因此當我們擺出動作時，其實也正是由身體感官呈現出象徵意義的方式。

直接走進牌面裡，來趟潛意識的大冒險

最後一種將牌卡與隱喻催眠結合的方式，會運用到故事元素，這是最仰賴學員自發性，以及對潛意識信任感的一種應用方式。

有些學員願意在工作坊走得深入一些，這時候我會請他先凝視整副牌面幾秒鐘，直到可以把整個畫面都深深烙印在心中為止，接著閉上眼睛，做幾個深呼吸，允許自己慢慢放鬆。接下來我會邀請他在心中慢慢把牌面圖案放大、放大、再放大……讓自己可以一腳踩進牌面，就像是走入納尼亞傳奇裡那個神奇衣櫥裡一樣，進入牌裡的世界，成為牌面裡某個事先挑選好的人物。

我會引導他感受一下自己踩在地面時，腳下傳來的觸感，眼前有什麼樣的景色，空氣裡的溫度與濕度如何，接著引導他自由地在這個地方走動一下，看看會遇到什麼樣的人，對方又會跟自己說些什麼。在過程中他可能會遇見不在牌面裡的人物，過程充滿未知與變化。

上述的三種使用方式，都是把心靈圖卡當成激發隱喻的工具，真正開啟探索跟療癒的則是催眠引導，因此你不一定需要精熟塔羅牌或原型卡的意義，只要能熟練隱喻催眠的作法，便能自由活用。

當然如果你能夠對牌卡本身的意義有足夠的認識，甚至對神話、童話等象徵素材具有足夠的熟悉感，陪伴當事人的過程中，將能夠獲取更多額外的資訊，增加理解他內心世界的材料，進而擁有更多協助他的方式。不過這超過這本書所能探討的程度，是另外一門需要深入學習的專業了。

第3節

量身訂做專屬的隱喻故事

同一個故事，不同的人會有不同詮釋

每當我在催眠示範使用隱喻時，常會收到現場許多關於技術的詢問，例如：「老師剛剛提到月亮，是因為月亮代表潛意識嗎？」「老師你是怎麼找到這個隱喻的？」面對這群認真的學生，我總是感到一則以喜，一則以憂，喜的是他們渴望學習隱喻的心，絕對可以成為日後成長的良好基礎，憂的是對他們來說，隱喻好像變成一種技術，而不是一種與人互動的態度，然而態度卻也是最難模仿與學習的。

我總是不斷提醒學生們，每個人對相同故事的反應一定不一樣，就像是有些笑話說完後，在場大多數的人都笑了，但還是有人會一頭霧水，甚至有些人可能會對這個笑話生氣。

沒有一個笑話是可以同時逗笑所有人，也沒有一個隱喻可以同時為所有人帶來相同感受與啟發。隱喻催眠真正的精髓，就在於把自己、當事人跟隱喻，看成是三個角色彼此互動的大型現場，在這個現場裡充滿千變萬化的組合，如同生機盎然的森林。每個隱喻都需要替對方量身訂做，才能真正發揮效果。

所以我經常說：「說完隱喻後，盡量放掉對方一定要有反應的想法，這會讓彼此都比較放鬆。」不過問題來了，如果每個人反應都不一樣，那要怎麼儘可能地讓隱喻在催眠中發揮作用呢？有三個方式可以幫助我們替當事人量身打造適合的隱喻。

詢問對方聽到了什麼，最容易確認隱喻的效果

在督導實習生時，最容易發生一個情況：學生很認真地聽完錄音檔後，寫了非常詳細的記錄來找我討論，希望可以正確理解當事人的心理狀態。然而有些時候，我會微笑地看著學生：「你怎麼不直接詢問當事人呢？」

想要使用適合當事人的隱喻，最重要的就是增加對當事人的認識，而非把所有的注意力都放在思考隱喻這件事情。增進對當事人的瞭解其最佳方法，就是詢問。

我有時會在說完隱喻後多問一句：「你從剛剛這個故事裡聽到了什麼？」「你現在的身體感覺是什麼？」「你的心情是什麼？」讓他的回應帶領我調整剛剛的隱喻。

有些當事人會說：「你剛剛用繩子形容我內在的糾結，我覺得更像是一團毛線球。」我會接過毛線球的隱喻，邀請他多說一點。有些人則告訴我：「我感覺不是腿被拉住，而是碰到一個大石頭，我怎麼樣也推不動。」這讓我知道自己需要立刻改變對當事人的理解，才能找到適合他的隱喻。

對話式催眠有個核心信念：所有的反應，都是當事人努力要溝通的訊息。所以隱喻是否用得精準，是可以持續練習的目標，卻不是執著的重點。因為不管有沒有說中，對話都仍要進行下去，瞭解當事人才是最重要的。

讓隱喻故事豐富而有變化，當事人就能收下自己需要的話

替當事人量身訂做隱喻的第二種方式，是增加隱喻的豐富程度，好讓當事人可以自行投射潛意識中的情感。就像是電影如果只有一個角色，除非故事劇情安排得夠巧妙，不然很難引發所有觀眾的共鳴。可是如果電影裡有兩個甚至三、四個角色，他們之間的對手戲就會引發更多不同的情感投射，進而吸引廣大觀眾的喜愛。

因此在一對一催眠中，有時候我會說一些神話或童話故事，例如《長髮公主》：公主被巫婆囚禁在高塔裡，巫婆很愛公主，卻不允許她離開這座塔，因為巫婆認為世界很危險，她要保護公主的

安全。公主雖然衣食無缺，卻感覺很不自由，唯一能做的就是對著高塔外的森林唱歌。有一天，一位王子聽到公主美妙的歌聲，他奮勇爬上高塔，告訴公主許多關於世界的故事，並邀請公主跟他一起走，他相信彼此之間的愛，一定會戰勝一切……

在這個故事中有公主、巫婆與王子三個角色，劇情從一開始巫婆對公主的愛護，發展成對公主的囚禁，接著王子出現了。在這個故事裡既有正邪對抗，又充滿愛的不同層次，暗示著親情與愛情的矛盾，同時還象徵著自我追尋的冒險。我說完故事後，總會問一句:「我想邀請你回憶一下，在剛剛這個故事裡，你最有印象的是哪一段？」

當事人記憶最清晰的故事片段，一定有對他來說別具意義的意象。藉由這個方式，我不只可以知道他對這個隱喻的反應，也能進一步從中獲得有意義的資訊，例如造成困擾的核心可能是什麼？他的資源與力量又在哪裡？

這個方式還可以應用在工作坊中，我會在工作坊開場時，花個五到十分鐘說綠野仙蹤的故事，提及桃樂絲、膽小獅、錫樵夫與稻草人的冒險之旅，然後擺出四張椅子，象徵故事裡的四個角色。我會請學員站在最有共鳴的角色面前，與彼此分享自己對這個故事的感想。藉由這個方式，我可以快速地理解他們的想法與情感特徵，並決定接下來有什麼能更加貼近他們的隱喻素材可使用。

跟著當事人一起討論，最能找到量身訂做的方式

最能夠替當事人量身訂做隱喻的方式，其實是觀察並善用當事人自己提出的隱喻。然而要培養細膩觀察當事人身上有哪些隱喻可使用，難度非常高。因此另外一個比較簡單的方式，是跟當事人一起討論隱喻素材。

在李維倫寫的《存在催眠治療》中，提及了一套替當事人量身打造隱喻的方式，他稱為「以 8 週為期的隱喻故事催眠治療模式」，我將要點羅列如下：

第一週：問題澄清與議題討論

第二週：議題討論、家庭議題討論與隱喻故事思考

第三週：隱喻故事思考、問題聚焦、未來想像

第四週：隱喻故事確定、概念化確定（待解之局）

第五週：待解之局隱喻故事形成、資源之局（正向經驗）討論

第六週：催眠腳本完成、腳本試讀、討論修改

第七週：隱喻故事治療施作、錄音錄影、治療討論

第八週：追蹤會談、未來與展望

從這個 8 週模式裡，我們可以很清楚地看見資深心理師會花許多力氣蒐集有用的評估資訊，例如當事人的困境如何形成（待解之局）、他期待困擾改善後變成什麼樣子，他身上又有哪些資源與力

量（資源之局），當阻礙與資源都一一探索完畢，才進入隱喻故事的撰寫。

李維倫的 8 週模式的獨特之處，在於他會事先把腳本提供給當事人，並且一起討論、修改腳本的細節，就像是西裝師傅會詢問客戶的所有期待，以及每個細節想要如何呈現，最後才動手完成這項傑作。

8 週模式事實上只是量身訂做的催眠模型，並不是真的要你等待 8 週後才把腳本念給當事人聽。當你越來越熟練這套方法，很可能在同一次催眠裡就能完成所有步驟了，像是艾瑞克森、薩德博士或紀立根等催眠大師，大多數時候在一次催眠裡，就能完成這個模型。想要鍛鍊這個能力，仰賴的是日常生活中的自我訓練。

第4節

你的生活就是培育隱喻最豐厚的土壤

隱喻可以是催眠裡的前菜、主菜或甜點

臨床心理學家麥可．亞普科（Michael D. Yapko）曾經說過：「如果你沒有能力不用催眠來解決當事人的問題，那你就沒有能力解決當事人的問題。」他的意思是催眠不是用來神奇化解所有疑難雜症的萬靈丹，對人心的深刻理解才是促發改變的關鍵，這點套用在隱喻催眠上也說得通。

對初學催眠的新人來說，隱喻只是上千種技巧中的其中一支，無論是說故事、使用身體雕塑或雙手技巧，又或者是運用語言來引導當事人產生意象，對初學者來說，光是要掌握這個技巧的基礎使用，通常就需要花上數年的時光。

我浸泡在隱喻的世界裡將近二十年，開始教導學生使用隱喻做催眠後，我發現能夠善用隱喻的學生，本身對人與這個世界懷抱著

無比的好奇與熱忱，他們能夠不把話說死，而是反覆從不同層面來理解對方說的話，這樣的態度與隱喻所具有的多層次特質不謀而合。

薩德博士常說「催眠可以是治療裡的前菜、主菜或是甜點」。對他來說沒有必要從頭到尾都用催眠進行治療。所以我有時會透過開場的隱喻來進行心理評估，例如拿綠野仙蹤作為工作坊迅速瞭解學員的楔子。在第二章第一節小櫻的案例裡，我以長髮公主作為治療主軸，每當她又陷入與母親之間的情感糾結中，我都會開玩笑說：「巫婆出現了喔！」於是我們能夠保持覺察地在獨立跟親密間探索與前進。

隱喻有時候也可以是在整場會談中，作為畫龍點睛的結束，例如中年人最大的困境往往不只是他們口中所說的那些難題，而是發現自己開始在生活中感到力不從心。因此我會在談到一個段落後，引用曹中瑋老師在《遇見完形的我》一書中提及的隱喻：「人在年輕時需要努力往山頂邁進，中年後則需要學習轉身下山」，去同理與支持他們接納自己正逐漸衰退的事實。

對我來說隱喻遠超過所謂的治療技巧，更是一種生活態度。接下來我想與你分享，如何透過生活這塊沃土，讓隱喻種子在你的心中與專業發展中萌芽、成長與茁壯。

透過輸出你的想法，淬取故事的療癒元素

知名中國劇《瑯琊榜》上映時，我對其中一幕深有共鳴：主角梅長蘇預見好友景睿將會因朝廷動盪而大受打擊，為了替好友做足心理建設，趁著下大雪的夜晚，他向景睿說了這番話：「就像是外頭這場風雪，下得是大，越來越猛烈，可你我都知道，這場風雪就算再大，終究是會停的。」

梅長蘇善用了風雪將停的隱喻，暗示好友即使朝廷上下都將掀起一場挑戰信念的風暴，只要能夠堅持下去，風風雨雨終究過去。而在風雨飄搖裡，無論如何他都會與好友並肩同行，以兩人情誼堅定好友的信念、排解他的鬱悶。

我則從梅長蘇的話語中，聯想到創傷治療裡的容納之窗。容納之窗隱喻著每個人能夠彈性容納情緒的極限，容量越大，我們就越不容易在壓力來臨時爆走。我在第四章提及的許多技巧，都是為了拓展當事人的容納之窗所進行的身心調節。

我將《瑯琊榜》與創傷治療進行連結的過程，寫進《潛意識自癒力》這本書中，除了留作日後接案時作為素材，也是在鍛鍊自己解讀隱喻的能力。在電影與小說中本就充滿各式各樣的隱喻素材，如果我們能夠從中練習拆解，並跟自己的生活或專業學習產生連結，無形間便能豐富善用隱喻的技能。你可以在每次看完一個感動的故

事後，嘗試書寫一個最有共鳴的重點，時間一久必然能累積出許多好材料。

世界不是穩固的實體，而是變化莫測的意象

我認為人生需要具有雙重視野，一隻眼睛看向外界，一隻眼睛則看向內心；我們一腳踏在意識的土壤上，另一腳則踩在潛意識的水裡。世界並非穩固不變的實體，而是一種虛實交錯的空間。從這角度來說，大多數的助人者都是以隱喻的眼光來看待當事人的困擾，並設法從中找到鬆動與改變的可能性。

我在催眠讀書會裡曾經帶過名為動物嘉年華的活動：每個學員都用一種動物來形容自己，同時也要說說其他人像是什麼樣的動物，不需要解釋理由，這是為了鍛鍊他們運用意象的能力。每個人到最後都會蒐集至少四、五種不同的答案，大多數學員都會在過程中大感意外：「沒想到我在別人眼中是這樣！」

我們每個人在不同場合、與不同的人互動時，會很自然地呈現出不同的面貌，心理困擾的產生，經常源自於當事人過度固著在特定的面向上，忘記自己還有其他的特質與能力可以使用。

因此動物嘉年華的重點在於協助學員看見自己是個多元而複雜

的個體，我們可能會比較關注自己喜歡的這一面，卻忽略討厭的那部分可能在某些場合有派上用場的時候。

我在工作坊裡還會請每個學員用一個隱喻來訴說自己最近的煩惱，並邀請其他學員聽完後，運用這個隱喻，分享自己的解決方案。藉由這樣的過程，拓展學員面對困境時的彈性，同樣也是培養他們能夠在隱喻裡鬆動固著想法的能力。

培養敏銳的傾聽能力，你將能找到話語中的隱藏含意

最後一項鍛鍊隱喻的功夫，來自於心理諮商的訓練，無論是諮商或催眠，我會同時注意當事人談話的內容，以及他的說話方式，前者可以從詞彙來接收隱喻素材，後者則能透過身體來感受隱喻的流動。

例如當我詢問當事人：「你希望在這次催眠中，得到什麼收穫呢？」他卻先陳述了一大段關於在婚姻裡的困境，覺得自己這麼用心地照顧這個家，每天除了上班工作，回到家還要陪孩子寫功課，可是伴侶就都只是在客廳看電視。如果要找伴侶討論教養孩子的困難，對方總是一臉「你就是想太多才會這樣」的神情。在談話中，我可以感受到整個會談室都被不滿的情緒塞滿了。

當我能夠同時關注語言跟非語言訊息，便能自動翻譯當事人的抱怨：「我覺得在這段婚姻裡好不快樂，我沒辦法得到伴侶的支持，如果他可以多用心一點，主動分攤我的挫折跟辛苦，我會好過一點。」

在第一章裡我能夠直覺地感受到小倩的心情，亦是透過相似的原理。鍛鍊這種傾聽能力最好的方式，在於一邊聆聽對方說的話，一邊觀察自己的身體反應，例如覺得胸口悶悶的，或是疲倦想睡覺，又或者是皮膚起了一層雞皮疙瘩，這些都是潛意識透過身體傳來的訊號，有些人則稱之為直覺力。

透過上述三種方式，我們將能踏出鍛鍊隱喻的第一步，接著我們還需要鍛鍊自己理解當事人並挑選素材的能力，心理諮商稱呼這項能力為個案概念化。在最後一章裡我將會分享四個不同的案例情境，來說明如何透過概念化精進隱喻催眠的功力。

CHAPTER *06*

分解與重構
隱喻煉金術的奧祕

第1節

卸下面具，還原真我

在這一章裡我會透過不同的實務案例，與你分享隱喻催眠的應用，為了保護當事人隱私，除了混合多名相似議題的當事人素材，我也將基本資料以及對話做了大幅度改寫，僅保留該主題的核心架構，請你將這些案例當成心理虛擬小說來閱讀。

在這一節裡，我將分享把隱喻當前菜使用的方式，並說明三個重點：

1．發展對當事人話語裡自帶隱喻的敏銳度。

2．運用隱喻開啟內在療癒力量。

3．面對當事人抗拒時的有效態度。

小孟（化名）是一名高階主管，每天都有忙不完的事情，除了率領屬下創造佳績，還要協助公司繼續擴張規模。老闆當然給了他很優渥的條件，但他卻覺得自己彷彿深陷流沙，情緒變得越來越低落，直到被醫生診斷出憂鬱症，他才覺得自己需要找尋專業協助，並透過網路搜尋找到了我。

如果當事人在預約時便表示自己有心理症狀，我會先確認他是否有先進行必要的醫療程序，例如穩定服用藥物，或是針對生理病症做檢查。像是憂鬱症、焦慮症甚至是纖維肌痛症與癌症等身心症狀，我認為團隊合作是必要的，過度神化催眠或任何療癒的效果，反而會延誤恢復的黃金時機。

小孟是個尊重專業的人，在確認他有遵從醫囑後，初次會面時我先關心他對催眠的期待是什麼？

「其實我也還不太確定，不過我想先跟你說一件事，就是同事跟伴侶都說我非常理性，不太表露情緒，他們經常猜不透我在想什麼，相處起來像是戴了面具一樣。」

我向他確認：「這會給你帶來困擾嗎？」小孟皺起眉頭：「我以前覺得這是一種很好的情緒管理，畢竟工作這麼忙，哪有時間談論自己真正的感受？但最近開始覺得不太一樣……」我只是沉默地等待，示意他繼續說下去。

「我發現屬下都很怕我，因為他們經常會不小心就觸怒到我重視的規則，但這些規則不太明顯。伴侶就更不用說了，他覺得我人就算在家，也像是不在一樣，很冷淡。」

說到這裡他補了一句：「我以前看過好幾個心理師，他們都說我太理智、太壓抑，不願意敞開自己，如果我這麼理性，是不是很難被催眠？」

我先在這裡暫停一下，要能善用隱喻做催眠，不只需要熟悉隱喻素材，最重要的是聆聽當事人話語裡自帶的隱喻訊息，因此我先說說如何理解小孟的這番話。

首先我注意到小孟使用面具這個意象作為自己的隱喻，對前幾位心理師來說，這個面具是個障礙，心理諮商的語言會是抗拒（resistance）。然而若從榮格心理學的角度來詮釋，面具具有適應社會的功能，榮格稱之為人格面具（Persona），唯有當面具太過僵固，才會帶來困擾。

其次我注意到小孟呈現了雙重訊息：「我想要被你催眠，但我很難被催眠」，我聽見小孟彷彿在說：「我很痛苦，但我懷疑自己無法離開這個痛苦。」多年經驗讓我明白一件事：當一個人需要運用雙重訊息來求助的時候，內在一定很煎熬。

當人處於矛盾當中，直接給予建議通常效果不大，因為這個矛盾源自於潛意識。因此我決定使用「尊崇抗拒」的態度，結合面具的隱喻回應小孟，意思是我要大大肯定這個抗拒的功能。

我做出雙手戴上的動作：「我聽到你好像在告訴我，我有一個面具，而且戴得好牢靠……」接著我放慢說話速度：「或許這是因為這個面具以前帶給我很多幫助，讓我覺得有這個面具真好，可是面具戴久了，我開始發現一些問題。」

我注意到小孟的眼神變得專注，於是繼續說：「例如我跟身旁的人開始疏遠了，我想靠近他們，面具卻擋在中間，我跟他們疏遠了，甚至有些時候，我不知道該怎麼把面具拿下來。」

從小孟的眼神看得出來，好像有些感受正在慢慢浮現，然而他很快又選擇壓抑下去，我可以感受到他內心正在掙扎，潛意識裡的情感正在騷動，而他開始本能地要把面具戴得更牢。

因此我用更慢的速度說話：「或許我們臉上曾經有過傷口，面具帶來很好的保護，讓我們繼續在戰場上衝鋒陷陣，又或許我們可以把面具裝飾得很好看，這讓我們獲得別人的尊敬，得到別人的愛，面具可能有很多好處。」

「只是面具戴久了，好像有一天當我們看向鏡子的時候，忽然發現，我不知道自己是誰了，我好想要……去看看面具底下的這張臉，究竟長什麼樣子？」我做出摘下的動作。

眼淚從小孟的眼眶滿出來，他拿了幾張衛生紙擤鼻涕，順勢將眼淚擦一擦：「從來沒有人這樣對我說過這樣的話。」「我想關心你現在的感覺是什麼？」小孟稍微笑了一下：「覺得好像有比較放鬆？就像你說的，我只是想知道自己怎麼了。」

戴面具這個詞彙一般來說具有負面意義，不只是小孟不喜歡，他身旁的人也不喜歡。這不僅是因為面具讓旁人無法瞭解小孟，進而感到挫折跟焦慮，更嚴重的是，小孟對他們釋放帶來混淆的雙重訊息，分別是面具戴好時的「我很好，你們可以信任我」，以及面具下的痛點被踩到時的「你怎麼這麼糟，連這些也不懂！」。

伴侶跟同事都飽受這種矛盾反差所苦，連前幾位心理師都想除面具而後快，然而小孟本人一定是最痛苦的，我認為無論是催眠或諮商，都不該任意想要消滅內心的某個部分，即使是懶惰、情緒化、依賴、焦慮……這些看似負面的存在，都可能是潛意識中的靈魂呼救。

隨意去除這些負面的部分，就像是因為手上有個傷口，就決定把整隻手臂砍掉一樣，那些我們極力想要擺脫的部分，都曾經都是自己的資源，如同小孟的面具。

我的回應不只帶來一些鬆動，也讓小孟不需要被迫在戴面具跟放下之間做出抉擇，而是找到跟面具相處的方式。一旦當事人發現自己可以有選擇，療癒力也就悄悄地開始啟動。

當小孟慢慢放鬆後，我以這段引導語陪伴他進入更深的催眠裡：「我想你會想要來找我，可能是發現有些在面具底下的東西，正不由自主地冒出來，對吧？你一方面想繼續把面具戴好，另一方面又知道這方法慢慢不管用了，你可能覺得這麼多年來一直努力要把面具戴得這麼牢靠，其實累得有點想要休息了……」

當我看到小孟輕輕點點頭，眼神也從專注看著我，逐漸變得有些失焦時，我順勢對他說：「或許你可以輕輕閉上眼睛，做一個深深的深呼吸……讓自己放鬆下來……」於是小孟慢慢地將眼睛閉上，感覺到原來理性並不會妨礙自己進入催眠，因為面具只是自己忠實的守衛，當內心感到安全，守衛就可以暫時去休息了。

運用隱喻作為前菜，需要細膩的傾聽能力，加上對話語中的意象有所觀察，順勢而為地好好接住，將其交付回當事人手中，這是我陪伴小孟的方式。在下一節裡，我將會繼續分享將隱喻作為主菜，也就是當作催眠主軸的使用方式。

第2節

讓心引領我們，走出有別於家族血脈的路

對新手來說，通常最感到困難的絕非想不到好隱喻，而是無法讓隱喻故事跟當事人的議題有良好銜接，以致於變成像是單方面說教，因此在這一節的案例中我想跟你分享三個重點：

1．在會談過程裡，運用隱喻故事進行專業工作。

2．傾聽當事人尚未說出口的潛意識素材。

3．讓潛意識素材跟故事能夠相互編織。

沈玲（化名）是移居歐洲的華人，希望找尋能直接以中文對話的催眠師，因此詢問我否可以透過網路視訊進行對話式催眠。計算過時差後，我們安排了第一次線上催眠，並開展出長達半年，每兩週一次的催眠歷程。

沈玲之所以願意進行長期的催眠會談，是因飽受童年成長經歷的困擾，且這份困擾延伸到戀愛關係裡，甚至對一般人際互動也有

不信任感。她經常在事情還沒開始前，便想像出最糟糕的結果，然而這似乎是潛意識的習慣，她本人並不一定都能察覺。

某次她剛上線便再次陷入負面預測裡：「前幾天在朋友聚會上，有個男人主動來搭訕，我沒有給他好臉色看，但因為是朋友的朋友，基於禮貌，還是跟他交換了聯絡方式，沒想到他昨天居然想約我出去吃飯！」她邊說邊露出厭惡的表情。

「妳想像中最糟糕的狀況會是什麼呢？」她咬牙切齒地回答：「我不知道，反正男人都是那個樣子，總覺得妳就應該當個聽話的小綿羊，哼！但他搞錯對象了，我是一隻獅子。」

我故意幽默地回應：「聽起來如果妳的愛情故事是一本書，剛有了開頭，妳立刻就想好結局了。」沈玲立刻激動地說：「沒錯，我的故事絕對不會是什麼幸福快樂的結局！」聽到她這麼說，我輕快地說：「我並沒有說結局如何啊，難道妳心中還是對愛情有一絲絲期待嗎？」

佛洛伊德認為，當事人激動的話語中，往往帶有潛意識裡的願望，而我們不能只從表面話語去理解當事人的內容，還應該包括他所沒有說出來的。因此我立刻有個聯想：表面上沈玲在說的是自己談戀愛一定沒有好下場，她潛意識中卻透露對愛情的渴望，只是這念頭可能太折磨人了，因此她經常用理智加以否定。

「難道妳心中還是對愛情有一絲絲期待嗎？」這句話屬於心理諮商裡的面質技巧（Confrontation），這是高層次同理心的變化應用，目的是回應當事人不一致的部分，然而面質並不是為了戳破當事人話語的漏洞，而是為了協助當事人能夠深度覺察真正的渴望，好從中獲得復原。

我跟沈玲已經建立起互相信任的基礎，加上她經常困在無意識的情緒裡，因此我才大膽使用這個技巧，對初學者來說，不宜貿然使用。

沈玲先是楞了一下，隨後笑了出來：「有時候你真的擅長說出我壓抑在心底的話！」我順勢詢問：「當妳剛剛提到那個男人的時候，翻了一下白眼，那是什麼樣的心情感受？這個感受又讓妳想到誰？」她想都沒想，立刻回答：「我爸！我這輩子最怕的就是落到跟我媽一樣的下場，打死我都不要當個任人宰割的綿羊。」

原來她從小目睹父親家暴母親，不只如此，母親家族裡有多名女性成員，也都曾遭逢家暴，這讓她對男性具有本能的不信任感。即使成長過程中有許多人深受她的美貌吸引，當中不乏深情款款且用心付出的人，她仍對愛情，或是任何與人親密靠近的關係，本能地感到畏懼與不適。

當我嘗試理解她對感情又愛又怕的矛盾時，可以感受到一方面她身為成熟的年輕女性，正處於渴望與人深度情感交流、發展親密的階段，另一方面從小長期看見男性對女性施加暴力的經驗，亦在潛意識裡留下深刻烙印，這讓她擔憂自己有天也會步上家族命運。

順著這樣的潛意識動力，我後續使用了幾個不同的隱喻故事來回應她無意識的恐懼感，以下我想分享其中一個：電影《魔戒》亞拉岡的故事。

「不知道妳看過魔戒嗎？」她點點頭，「魔戒遠征隊裡有個帥氣的男人，叫做亞拉岡。」「我知道他，他不是我的菜。」雖然嘴巴這麼說，我看見她嘴角微妙地上揚，「亞拉岡是個遊俠，但他其實擁有皇室血統，只不過他既不願意繼承皇位，也拒絕了精靈公主的愛，因為他很害怕，即使他也愛公主，他還是很害怕。」

沈玲的眼神有些閃爍，我還不確定她對故事的反應，我暫時選擇繼續說，同時繼續觀察：「亞拉岡的害怕是有道理的，他心裡想，我的父親身為皇帝，卻背叛了這個世界，導致任務失敗，我身上流的是骯髒血統，我不想變得跟這家族一樣邪惡。」

我注意到當說到家族兩個字時，她眼神變得專注，但又像是在看著遠方，這是進入催眠的解離反應，因此我繼續往下說：「在魔戒三部曲中，索倫率領的黑暗勢力步步進逼，亞拉岡面臨一個痛苦的抉擇，他要繼續自我放逐，任憑在乎的人們死去，還是他該繼承皇位，率領自己的軍隊加入遠征，回應公主的愛？或許妳可以做一個深深的深呼吸……」我看見沈玲閉上眼睛，眼皮快速顫動，這表示她有些內在畫面浮現。

「最後讓他做出抉擇的是身為精靈公主的愛人，公主告訴他，你跟你的父親不一樣，你也跟你的母親不一樣，你身上留著他們的血液，這是不會改變的事實。然而你有很好的覺察，覺察讓你能夠看清楚自己的內心，所以你不會做出當年父親做的事情。而你在乎的人需要你，你是否願意為了愛你的人，與你愛的人勇敢一次？」說到這裡，我看見她流下眼淚，我則繼續在催眠裡陪伴她去安放這些壓抑已久的情緒。

在這裡我需要稍微解釋一下，有些人可能會覺得，隱喻故事的人物性別或年齡，最好要跟當事人的基本資訊一致，比較容易產生投射，我同意這個作法。然而對於習慣保持距離、需要較多自主空間的人，這麼做可能會變得意圖太明顯，以致於反而沒有辦法投射潛意識的主題。

我之所以會直覺浮現亞拉岡這號人物，是因為沈玲就像個戰士一樣，不斷與生命困境搏鬥，並有自我放逐的習慣。我選擇把焦點放在亞拉岡的內心掙扎，是因為這正是沈玲面對愛情時的掙扎。

敏銳的你或許還發現一件事，我所敘述的亞拉岡與精靈公主，似乎跟電影裡的角色略有不同，這是我刻意的安排，因為若要完全講究故事的正確性，必然會有很多跟當事人內在動力不同的陳述，這會喪失同步與深刻同理的品質。因此我拿掉差異過大的部分，用較為貼近她心境的方式來述說這個故事。

誰是愛著沈玲的人，誰又是她所愛的人？我並沒有預設答案，然而與人親密正是她想透過催眠解決的課題。因此這兩句話並非如傳統催眠師那樣植入指令，而是期待能藉由話語喚醒她與人靠近的勇氣。

在個別催眠中使用隱喻需要考慮很多事情，然而隱喻還可以應用於團體情境中，下一節我將與你分享這些應用。

第3節

最能啟動療癒的力量，源自你我的見證

前兩節我們深入探討了隱喻催眠的個別應用，然而隱喻催眠不只適用於一對一情境，還可應用於一對多，甚至是多對一、多對多的場合。接下來我想與你分享的即是在工作坊中，如何藉由學員互相協助的形式，見證當事人邁向改變。

在這一節裡，我想跟你探討三個重點：

1．隱喻催眠在工作坊帶領時的應用。

2．運用意象與身體元素，與現場學員交織成具有療癒力的場域。

3．評估當事人與現場學員的動力，選擇合適的隱喻技巧。

鄭忠（化名）是多年前參與過催眠工作坊的一名成員，講話很客氣，卻也可以感覺到內斂中帶點壓抑。當我徵詢是否有伙伴願意擔任工作坊主角時，他立刻舉手，表示想要解開纏繞心頭已久的情緒困擾。

要在眾人面前深入揭露個人議題，是非常需要勇氣的事情，而我認為這種公開宣告的行動，本身就能賦予當事人面對困境的力量。除此之外，我常告訴學員，在現場看似只有一名主角，然而他的探索過程，將會如鏡面反射一樣地照映出自己的生命議題，一人療癒即是群體療癒，這是工作坊有別於個別諮商的最大價值。這番話是為了接下來的場域互動做暖身。

鄭忠上場後，表示他一直很容易焦慮，這個焦慮蔓延在生活各個層面裡，他希望可以透過催眠示範學習肯定自己。我先邀請他想像，如果把焦慮擬人化，看起來是什麼樣子？他想了想：「很像是不斷在我耳旁叨叨念的聲音，一直在說你這樣不行啦、這麼做會有問題的、你還有哪裡該加強，很吵！」

雖然鄭忠好像沒有直接回應我的提問，他倒是幫助我瞭解他有內在對話的習慣。我請他從現場挑選一個學員代表這個聲音，他環顧全場後找了一個身材壯碩的男性學員。我請他安排這個學員站在他覺得合適的位置，代表焦慮，鄭忠請他站在自己的右後方。

我這麼做的用意，是希望可以把抽象的情緒，轉化成可接觸的實體，方便接下來使用身體技巧進行探索。為了避免長期只與主角對話，會使其他學員注意力渙散，我會將其他學員視為協助療癒的得力助手，讓主角邀請學員上場，也有促進彼此連結的效果。

我請焦慮代表反覆在鄭忠身後叨念剛剛他提供的台詞，並詢問：「聽到這些話你身體的感覺是什麼？」「我一方面很想要叫他閉嘴，讓我安靜一下，但又說不出口……感覺有什麼梗在喉嚨裡，不太能發出聲音。」

聽到鄭忠這麼說，我心中有個推論，一方面在他心中有個嚴厲的批判聲音，這讓他很焦慮，另一方面這個聲音激化出動彈不得的狀態，後者同樣讓他不好受。這或許造就了難以肯定自己的局面，因為兩者都讓他感覺不舒服。

傳統諮商會嘗試用意識的語言去詮釋不舒服的原因，或是探問當事人怎麼看待這些感覺。在對話式催眠裡，我認為直接讓當事人看見這些內在衝突，或許可以藉由情緒跟身體感受，迅速連結潛意識的經驗，打開改變的道路。

因此我請他具像化這個梗住的感受：「這像是什麼？」他閉上眼睛感覺了幾秒：「好奇怪，我覺得很像是一個正在壓抑自己哭泣的孩子。」「你做得很好，我們不需要用邏輯去理解這個畫面，同時我想邀請你挑一個學員擔任這個哭泣的孩子。」

他邀請一個女性學員上場，並指導對方擺出蹲在地上，把頭埋進雙臂間的動作。於是他自己坐在椅子上，背後是不斷叨念的焦慮代表，眼前則是蹲在地上哭泣的孩子代表，我問他：「看著這一幕，你心中有什麼感覺？」

「我想跟他說，不要哭！」他說這句話的時候，聲音裡有些顫抖，我用溫柔的語氣對他說：「你好像要說的是，哭又沒有用，不要哭了。」他沉默沒有說話，但眼眶有一點濕潤，「小時候誰會對你說這句話？」「我爸！」

我點點頭：「所以……在背後這個不斷叨念的聲音背後，其實還站著一個人，是你的爸爸，是嗎？」原來鄭忠很小的時候，母親就過世了，父親一個人努力把他養大。父親是個非常盡責的人，而且對他有很深的期盼，從小到大在這個家裡從不允許軟弱與哭泣出現，而無論他怎麼努力，從來沒有得到過父親一句肯定。

我請鄭忠再邀請一個學員上來扮演自己的父親，站在焦慮的旁邊：「你看著父親，有什麼話想對他說？」鄭忠冷冷地看著扮演父親的代表，沒有開口，於是我嘗試同步他的心境：「好像覺得說什麼都沒有用，是嗎？」他撇過頭：「這麼多年來，我早就放棄了。」

「是啊，這個從小就一直努力要求自己要做對、做到最好，希望獲得爸爸肯定的小孩，這麼多年來都沒有得到過一個肯定，有一部分的他想放棄了……」我一邊說一邊觀察鄭忠的神情，「可是在心中好像還有一部分，一直把爸爸的話記得好清楚，不敢忘記……」我看到鄭忠開始流下淚水。

我請他轉向蹲在地上的孩子代表：「同時，有一部分的自己正蹲在這裡，想哭，又不敢哭，因為他覺得哭不能讓自己變好……我不知道，你能為他做些什麼呢？」鄭忠痛哭：「我想對他說，你夠好了，不需要別人的肯定，你已經夠好了！」

我順勢詢問孩子代表：「聽到他這麼說，你的感覺是什麼？」「一開始他要我不可以哭的時候，覺得很委屈，剛剛他說我夠好了，我覺得有被看見的感覺，覺得被肯定。」她自發地問鄭忠：「我可以擁抱你嗎？」鄭忠點頭。

兩人無聲擁抱後，我請鄭忠跟孩子代表肩並肩站在一起，面對焦慮與父親的代表：「現在看著父親，你有什麼感覺？」「很奇怪，我忽然覺得他沒有這麼嚴厲了，以前我腦袋知道他愛我，但心中很恨，現在這股恨沒有了，感覺比較輕鬆。」

我回到他一開始的探索主題，他用從容的聲音說：「我好像比較能肯定自己了，這些聲音聽起來距離有點遙遠……」對話到這裡，我覺得可以告一段落，因此我請所有人包括鄭忠回到原來的座位上，進行經驗整理與討論。

礙於文章篇幅，有許多細膩之處無法一一詳述，同時從上述歷程裡，我想你已經發現了，剛開始鄭忠的議題是焦慮與缺乏信心，藉由邀請學員扮演心中的意象，我們從中發現這些情緒與父子關係有關。

面對自己的父母親，對許多人而言都是個難關，以致於鄭忠一開始難以跟父親展開對話。在這裡我運用內在獨白技巧疏通他內在互相衝突的部分：對父親有恨的部分、努力想符合期待的部分以及感到受傷的部分，而我嘗試喚醒他對自己的愛護，接著他開始長出力量，與自己和解。

當他能跟童年的自己站在一起時，內在療癒便開始啟動，這讓他不再只能受困童年視角，原先與父親的嚴苛標準連結在一起的焦慮感，在拾回力量後一併解開了。

這是個不容易的歷程，當所有人見證著鄭忠的改變，並分享自己方才的心路歷程與覺察，除了展開更深一層的經驗整理，也強化了鄭忠感受到自身變化的信心。這是個別催眠中很難達到的境界，而在下一節，我將會與你分享另一種團體療癒的方式。

第4節

學習運用自己的絕地原力

在最後一節裡，我同樣想與你分享三個隱喻催眠應用的重點：

1・將隱喻故事應用在講座、教學等一對多的場合。

2・在團體使用隱喻故事時的思考重點。

3・拆解故事編排的原理原則。

薩德博士曾經說過：「團體催眠無法替每個人量身訂做，因此過程會更接近冥想。」雖然我認為隱喻故事可以打破傳統催眠時讓人昏昏欲睡的氣氛，不過當在授課、演講時使用隱喻，確實比較無法兼顧每個學員的個別需要，因此事先思考聽眾的認知能力、專注度、知識背景，找到最大公約數是非常重要的前置作業。

以我在全亞洲 NGH 催眠研討大會的開場為例，與會者是自主付費報名的催眠師，意味我不需要從頭解釋接下來要做什麼，而且會有較好的專注力。因此開場自我介紹的時候，我先這麼說：「你們有些是 NGH 催眠師，有些則已經是催眠講師，甚至在座有些人還是我的前輩，因此在接下來的時間裡，我不是教你們怎麼做催眠，而是透過隱喻的眼光，陪伴你們重新理解催眠是怎麼一回事。」

催眠現象不只是注意力的集中與管理，也是覺察力的提升，因此我向聽眾表達的是，接下來的內容有些將會是他們熟悉的（催眠），有些則是他們陌生的（隱喻），我將以新眼光陪伴他們來看待自己早已熟悉的事物。這番話替接下來的故事設置好了隱喻的框架，將注意力集中在框架裡。

我提供的大會講題「原力與你同在：成為善用隱喻的絕地催眠師」，則是另一個隱喻框架。在電影《星際大戰》裡，成為絕地武士的必備條件是能夠使用原力（Force）。透過這個標題，我嘗試向聽眾傳遞信念：隱喻之於催眠師，一如原力之於絕地武士，若想成為能夠行走江湖的催眠師，學好隱喻絕對是必須配備。

接著我開始講述《星際大戰》的故事，考慮到不是每個人都熟悉星際大戰，而且這是具有專業教育性質的研討大會，因此在接下來的段落裡，你會注意到我每講一段故事，都會停下來分享自己的專業反思。透過故事加上反思，可以提供聽眾透過故事自我覺察，進而從故事裡獲得屬於自己的答案。

因此我注視著前方開始說話：「在星戰第八部曲的開端，新一代的女主角芮千里迢迢找到了隱居的天行者路克，她懇求路克能重出江湖，運用他的力量拯救即將被邪惡勢力毀滅的銀河系，路克卻說：『我太老了，老到不想過問江湖是非，不過我可以教妳如何使用原力，妳想學嗎？』

「使用原力是成為絕地武士的基本條件，一如催眠技巧之於催眠師，看到這一幕，我忍不住回想起第一天踏入催眠課堂裡，那時候我滿心想要學會最厲害的催眠技巧，好幫助那些正在受苦的當事人，老師問我們：『想不想要學好催眠？』我跟芮的答案一樣，都是『是！』」

第一段我藉由故事轉折呈現情緒張力，吸引聽眾的注意力，第二段我轉為分享個人反思，帶出引人深思的效果。這是在團體裡說隱喻的其中一種方式，藉由故事引導聽眾專注，再以反思引導他們進入內在覺察。

「於是路克要芮盤腿坐好，閉上眼睛，然後問她說：『現在妳可以做一個深深的深呼吸……有沒有感覺到皮膚開始有一股刺刺麻麻的感覺，好像有一種像是電流一樣的能量，正緩緩圍繞著妳？』芮點點頭，路克又繼續說：『很好，妳做得非常好，有沒有感覺到這股強大的能量變得越來越強烈？』芮繼續猛點頭，忽然間，她的頭被猛地敲了一下，她睜開眼睛，只見路克對她大叫：『錯了，妳錯了！』」

這裡是電影中的重要轉折，路克如同禪師般敲醒芮的腦袋，非常具有戲劇張力，我在扮演芮時誇張地點頭，並在最後路克大喊時提高音量，這是在講座裡使用隱喻不太一樣的地方，需要帶點表演性質，才能堆疊聽眾感受，進而帶出轉化。

我暫停一下，才向聽眾揭曉路克大喊的答案：「原來剛剛芮所感受到的強大『能量』，其實是路克拿著一截樹枝，用樹葉搔過她皮膚所帶來的身體感受，根本不是什麼『原力』！

「芮生氣地問路克：『你為什麼要捉弄我？』路克卻非常嚴肅地說：『我過去教過許多學生，他們都以為原力是一種需要被掌握的東西，我年輕的時候也以為是這樣，以為只要學會掌握這股力量，就可以無所不能，但後來我發現自己錯了。』」

我語氣微微下沉，事實上，我還記得當年故事講到這裡的時候，我心中竟然感到有些悲傷。當催眠師深刻投入故事裡，往往會有這麼一個「魔法的瞬間」，彷彿自己成了故事裡的主角，我的悲傷來自於，雖然得到在全亞洲將近200位催眠師面前講授專題的殊榮，但其實我也曾有年少輕狂、自以為是的時刻，一如年輕的芮，以及曾經年輕的路克，我在替年輕時充滿傲氣的自己感到悲傷。

接著我放慢速度繼續往下說，隱喻催眠有個製造反差的方式，就是在鋪陳時加快速度，而在講到重點時語速放慢，好讓聽眾可以進一步反思。

「路克接著告訴芮：『原力其實是一種充斥在萬事萬物之間的能量，從天空飛過去的一隻鳥體內有原力，在水中游來游去的魚兒身上也有原力，花草樹木裡有原力，日月星辰間也有原力，既然我們人類也是萬物的一部分，那麼原力其實一直都存在於妳體內，等待妳去發掘。』

「芮很困惑地看著路克：『可是我怎麼感覺不到？』

「看到這裡，我忽然覺得原力跟催眠好像喔！為了成為專業的催眠師，我一直努力學習各種知識與技巧，希望能夠掌握催眠真正的精髓，可是兜了一圈，我發現上再多課程、學再多技術，好像仍然少了點什麼，這讓我開始思考，啟動催眠療癒的關鍵究竟是什麼？

「路克的回答很有意思，他說：『原力一直都在妳體內，妳需要靜下心來，往內看才會找到。』」

我以反思作為故事的結束：「我忽然發現為什麼之前一直都遍尋不著答案，因為我一直在向外找尋，就像是芮以為原力是一種技巧，是一種如同刀劍般的外在技藝，如同榮格心理學所說的：『往外看的人作夢，往內看的人醒覺』。掌握催眠的關鍵其實正在我心中，值得安靜下來用心發掘，最後我找到了屬於自己的答案：隱喻。所以接下來我想跟你們聊聊隱喻是什麼？」

這是我在催眠研討大會的簡短開場，在演講中使用催眠雖然不需要互動，卻需要更為精緻的思考、評估與設計，才能一層一層地帶出深刻的反思。

不知道看到這裡，你心中浮現什麼樣的感受？

對我來說隱喻是技巧，有其可以不斷精進的理論與技術，同時也是內在智慧，是看待世界的眼光，這即是榮格心理學中所謂的雙重視野，並讓我們能夠自由行走於意識與潛意識之間。隱喻是我所找到的心靈原力，不只是成為專業催眠師的必備條件，更是在生活中獲得療癒的重要視野。

或許你會找到跟我不盡相同的答案，因為到頭來催眠是非常個人化的一條路，如同榮格的個體化歷程一樣，或許擁有相近的模式，細節卻絕不可能相同。謝謝你閱讀到最後，接下來的道路開展，將由你親自邁開腳步。

原力與你同在。

參考書目

催眠相關

喚醒式治療：催眠・隱喻・順勢而為。Jeffrey K Zeig。心靈工坊

經驗式治療藝術。Jeffrey K Zeig。心靈工坊

催眠引導。Jeffrey K Zeig。心靈工坊

助人者練心術。Jeffrey K Zeig。心靈工坊

生生不息的催眠聖經。Stephen Gilligan。世茂出版

催眠之聲伴隨你。Sidney Rosen。生命潛能

NLP 新世代。RobertDilts, JudithDeLozier, DeborahBaconDilts。世茂出版

催眠跟你想得不一樣。唐道德。商周出版

用 NLP 改寫你的每一天。唐道德。商周出版

存在催眠治療。李維倫。心靈工坊

聽懂未被訴說的故事。凌坤楨。張老師文化

潛意識自癒力。張義平。四塊玉出版

榮格相關

人及其象徵：榮格思想精華。卡爾・榮格（Carl G. Jung）著。龔卓軍譯。立緒出版。2013

公主變成貓：從榮格觀點探索童話世界。瑪麗—路薏絲・馮・法蘭茲（Marie-Louise von Franz）著。吳菲菲譯。心靈工坊。2018

與內在對話：夢境・積極想像・自我轉化。羅伯特・強森（Robert A. Johnson）著。徐碧貞譯。心靈工坊。2021

榮格心理分析的四大基石：個體化、分析關係、夢和積極想像。莫瑞・史丹（Murray Stein）著。王浩威譯。心靈工坊。2022

煉金術新手指南。莎拉・鄧（Sarah Durn）著。羅亞琪譯。楓樹林。2021

榮格心理學辭典。安德魯・山繆斯（Andrew Samuels）、芭妮・梭特（Bani Shorter）、弗雷德・普勞特（Fred Plaut）著。鐘穎譯。楓樹林。2022

童話故事裡的心理學。河合隼雄著。林仁惠譯。遠流文化。2023

當公主走入黑森林：榮格取向的童話分析。呂旭亞。心靈工坊。2023

創傷相關

第一本複雜性創傷後壓力症候群自我療癒聖經。佩特・沃克（Pete Walker）著。陳思含譯。柿子文化。2023

喚醒老虎。彼得・列文（Peter Levine）著。吳煒聲譯。采實文化。2023

解鎖：創傷療癒地圖。彼得・列文著。周和君譯。張老師文化。2013

從創傷到復原：性侵與家暴倖存者的絕望與重生。茱蒂絲・赫曼（Judith Herman）著。施宏達、陳文琪、向淑容譯。左岸文化。2018

創傷的內在世界。唐納・卡爾謝（Donald Kalsched）著。彭玲嫻、康琇喬、連芯、魏宏晉譯。心靈工坊。2018

創傷與靈魂。唐納・卡爾謝著。連芯、徐碧貞、楊菁薾譯。心靈工坊。2022

心靈的傷，身體會記住。貝塞爾・范德寇（Bessel van der Kolk）著。劉思潔譯。大家出版。2017

心理學相關

向夢提問：讓夢成為你個人的諮商師。馬切爾・克勒克（Machiel Klerk）著。林瑞堂譯。生命潛能。2023

沒有不好的你。里查・史華茲（Richard C. Schwartz）著。魯宓譯。究竟。2022

遇見完形的我。曹中瑋。究竟出版。2020

懂得的陪伴：一位資深心理師的心法傳承。曹中瑋。心靈工坊。2022

擁抱你的內在家庭。留佩萱。三采。2022

療癒：從感受情緒開始。留佩萱。遠流。2019

透視心靈原型卡。張義平。楓樹林。2023

與內在的刻意練習。林之珮。財經傳訊。2022

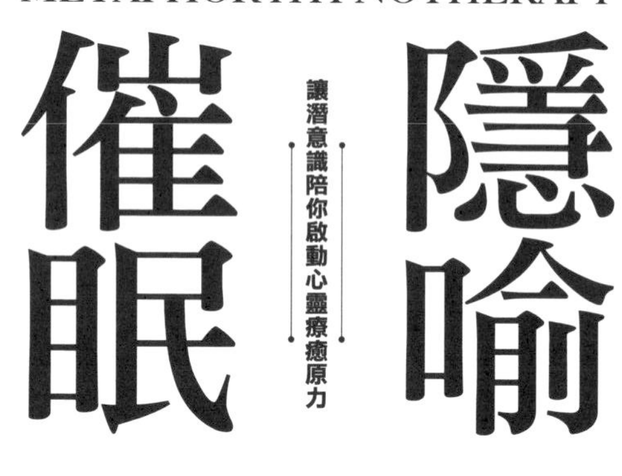

出 版／楓樹林出版事業有限公司
地址／新北市板橋區信義路163巷3號10樓
郵 政 劃 撥／19907596 楓書坊文化出版社
網址／www.maplebook.com.tw
電話／02-2957-6096　傳真／02-2957-6435
作者／張義平(幽樹)
企劃編輯／陳依萱
校對／周季瑩
港澳經銷／泛華發行代理有限公司
定價／380元
出版日期／2024年5月

國家圖書館出版品預行編目資料

隱喻催眠：讓潛意識陪你啟動心靈療癒原力／張義平（幽樹）作. -- 初版. -- 新北市：楓樹林出版事業有限公司，2024.05　面；　公分

ISBN 978-626-7394-55-7（精裝）

1. 潛意識 2. 催眠術 3. 催眠療法

175.8　113003678